GOETHE
SEINE ÄUSSERE ERSCHEINUNG

Literarische und künstlerische Dokumente
seiner Zeitgenossen
Zusammengetragen von Emil Schaeffer
Überprüft und ergänzt
von Jörn Göres
Insel

Vorwort

Als Emil Schaeffer sein Buch »Goethes äußere Erscheinung. Literarische und künstlerische Dokumente seiner Zeitgenossen« 1914 im Insel Verlag herausgab, waren ihm schon mehrere Werke gleicher und ähnlicher Titel vorausgegangen. Schaeffer stellte sie in einem Literaturverzeichnis am Ende seiner Ausgabe zusammen. Seither erschien zuletzt 1932 – ebenfalls im Insel Verlag – ein Werk dieser Thematik: »Goethe im Bildnis. Herausgegeben und eingeleitet von Hans Wahl«.

Allein schon die seit 1932 verflossene Zeit von genau achtundvierzig Jahren rechtfertigt ein Wiederaufgreifen des Themas. Was die »künstlerischen Dokumente« anbetrifft, beabsichtigte die neue Bearbeitung des Themas eine Revision des Bestandes und der Besitzverhältnisse seit der Ausgabe von 1914. Denn von privaten Veränderungen abgesehen, wie sie im Laufe einer so langen Zeit natürlich sind, waren insbesondere für die Jahre 1933 bis 1945 Auswirkungen von Politik und Krieg zu erwarten.

In der Tat sind – von den schon 1932 als verschollen geltenden Darstellungen von Jens Juel (Bleistiftzeichnung, 1779) und von Johann Joseph Schmeller (Kreidezeichnung, 1829/30) abgesehen – seither nicht mehr auffindbar das Ölgemälde von Caroline Bardua (1805) und das Ölgemälde der Julie von Egloffstein (1826/27). Es werden vermißt die Kreidezeichnung von Karl Christian Vogel von Vogelstein (1824) und die Bleistiftzeichnung en face von Heinrich Franz Brandt (1826). Desgleichen muß als verschollen gelten das Pastellgemälde von Oswald May (fast en face, 1779).

Wiederaufgefunden wurde dagegen schon 1938 die seit 1883 verschollen geglaubte Kreidezeichnung von Ludwig Sebbers (1826), und neu entdeckt wurde 1975 eine Bleistiftzeichnung von Georg Friedrich Schmoll (1775). Ebenfalls zu den freudigen Überraschungen gehören Porträts in bisher unbekanntem Privatbesitz: Je ein Exemplar des Ölgemäldes von Karl Joseph Raabe und des Ölgemäldes von Heinrich Kolbe (1822).

Diesen sich offenbarenden Privatbesitzern gilt zuerst der Dank des Herausgebers. Doch unmittelbar darauf folgt sein Dank an alle Kollegen von Bibliotheken und Museen verschiedener Länder, die mit Photographien und Auskünften zu dieser Bestandsaufnahme bereitwillig beigetragen haben – wobei im Sinne der Bestandsaufnahme auch die negativen Auskünfte zählen.

Es ist nicht die Absicht dieser Ausgabe, sämtliche Goethe-Darstellungen, einschließlich der Varianten, Nachbildungen und des Zweifelhaften, vorzuführen: Die Fülle des heute bekannten Materials und die gegebenenfalls notwendige Diskussion über Authentizität und Abhängigkeit würden den Umfang mehrerer Bände beanspruchen und – abgesehen davon, daß ein solches Unternehmen eine Lebensaufgabe wäre – die Anschauung von Goethes äußerer Erscheinung eher verwischen als klären. Der Herausgeber ist der Meinung, daß mit den achtzig abgebildeten Porträts Goethe hinreichend so dargestellt ist, wie er den Zeitgenossen erschienen ist. Die parallel dazu zitierten Berichte ergänzen die Bilder.

Aus der Darstellung der äußeren Erscheinung, sowohl in Bildern wie in Texten der Zeitgenossen, läßt sich Goethes Lebensweg mit den Stationen des Glücks und des Unglücks, so, wie sie sich auf ihn ausgewirkt haben, ablesen. Emil Schaeffer hat darauf in seiner Einleitung zur Ausgabe von 1914 hingewiesen. Zugleich machte Schaeffer auf die Bedingtheit der Darstellungen aufmerksam – sowohl im Hinblick auf die individuellen Grenzen künstlerischer Fähigkeit als auch im Hinblick auf den generellen Geschmack jener Zeit. Diese Voraussetzungen müssen mitbedacht werden, wenn wir die Darstellungen Goethes betrachten.

Entsprechendes gilt für die schriftlichen Zeugnisse zu Goethes Erscheinung: Sie spiegeln den Eindruck, den der Berichtende mit nach Hause nahm. Der jeweiligen Voraussetzungen solcher Eindrücke sind sich die Berichtenden in der Regel nicht bewußt gewesen. Welche Rolle allein etwa der Lichteinfall bei einer Begegnung spielen mochte, erhellt daraus, daß man Goethes Augen einmal schwarz, das andere Mal hellbraun beschreibt, einmal von »sparsam weißgelockter Stirne« spricht und ein anderes Mal – fünf Jahre später – sein Haar »nur wenig gebleicht« findet. Hinzu kommen die subjektiven Nuancen eines jeden Urteils. Um das Einzelurteil auf die Waagschale legen zu können, müßte man die besondere Situation kennen, aus der es gesprochen wurde – und mehr noch: Man müßte Mentalität und Temperament des Urteilenden berücksichtigen.

So kann keines der künstlerischen und literarischen Zeugnisse allein stehen: Sie korrigieren sich untereinander und ergeben so erst in der Gesamtheit eine verläßliche Anschauung von Goethes äußerer Erscheinung.

Jörn Göres

Verzeichnis der wichtigsten für dieses Buch benutzten Literatur

Abegg, W. u. J. u. Batscha, Z.: Johann Friedrich Abegg, Reisetagebuch von 1798. Frankfurt a. M. 1976

Bauer, K.: Goethes Kopf und Gestalt. Berlin 1908

Beutler, E. u. Rumpf, S.: Bilder aus dem Frankfurter Goethe-Museum. Frankfurt a. M. 1949

Biedermann, F.v.: Goethes Gespräche. 2. Aufl. Leipzig 1905 – und: dass., ergänzt u. herausgegeben von Herwig, W. Zürich und Stuttgart 1965 ff.

Bode, W.: Stunden mit Goethe. Berlin 1905

Döring, H. K.: J. W. v. Goethes Leben. Weimar 1828

Eggers, K.: Rauch und Goethe. Berlin 1889

Goethe, J. W.: Werke. Hrsg. im Auftrag d. Großherzogin Sophie von Sachsen. Weimar 1887–1919

Gräf, H. G.: Goethes Briefwechsel mit seiner Frau. Frankfurt a. M. 1916

Kröll, Chr.: Porträts aus dem Goethe-Kreis in Miniaturen, Handzeichnungen, Medaillen und Silhouetten. Ausstellungskatalog des Goethe-Museums Düsseldorf. Düsseldorf 1976

Möbius, P. J.: Goethe II. Teil. Leipzig 1903

Rollett, H.: Die Goethe-Bildnisse. Wien 1883

Schröer, K. J.: Goethes äußere Erscheinung. Wien 1877

Schulte-Strathaus, E.: Die Bildnisse Goethes. München 1910

Stahl, F.: »Wie sah Goethe aus?« Berlin 1905

Wahl, H.: Goethe im Bildnis. Leipzig 1932

Weilbach, Ph.: »Wie sah Goethe aus?« (Zeitschrift für bildende Kunst XXIV, 1889, S. 244 f.)

Zarncke, F.: Kurzgefaßtes Verzeichnis der Originalaufnahmen von Goethes Bildnis. Des XI. Bandes der Abhandlungen der philologisch-historischen Klasse der Königl. Sächsischen Gesellschaft der Wissenschaften Nr. 1. Leipzig 1888

BERICHTE
DER ZEITGENOSSEN
ÜBER GOETHES
ÄUSSERE ERSCHEINUNG

Marie Körner geb. Stock   Zwischen 1765 bis Mitte 1768

Goethe hatte das schönste braune Haar; er trug es ungepudert im Nacken gebunden, aber nicht wie der alte Fritz als steifen Zopf, sondern so, daß es in dichtem Gelock frei herabwallte.

Aufzeichnung Friedrich Försters nach Erzählung von Frau Körner geb. Stock.

Gottlob Friedrich Ernst Freiherr von Schönborn
                                      11. Oktober 1773

. . . Kurz darauf kam Goethe selbst, und wir wurden gleich bekannt und gleich Freunde. Er ist ein magerer junger Mann ohngefähr von meiner Größe. Er sieht blaß aus, hat eine große, etwas gebogene Nase, ein längliches Gesichte und mittelmäßige schwarze Augen und schwarzes Haar. Wir sind alle Tage beisammen. Seine Miene ist ernsthaft und traurig, wo doch komische, lachende und satirische Laune mit durchschimmert. Er ist sehr beredt und strömt von Einfällen, die sehr witzig sind.

Brief Schönborns an H. W.v. Gerstenberg vom 12. Oktober 1773.

Wilhelm Heinse   Juli 1774

Goethe war bei uns, ein schöner Junge von fünfundzwanzig Jahren, der vom Wirbel bis zur Zehe Genie und Kraft und Stärke ist; ein Herz voll Gefühl, ein Geist voll Feuer mit Adlersflügeln, qui ruit immensus ore profundo – Ich kenne keinen Menschen in der ganzen gelehrten Geschichte, der in solcher Jugend so voll von eigenem Genie gewesen wäre.

Brief Heinses an Gleim vom 13. September 1774.

Georg Melchior Kraus   Ende Februar und Anfang März 1775

... Er ist ganz sein, richtet sich nach keiner Menschen Gebräuche; wenn und wo alle Menschen in feierlichsten Kleidungen sich sehen lassen, sieht man ihn im größten Negligé und ebenso im Gegenteil.

Brief von Kraus an Bertuch vom 5. März 1775.

Johann Georg von Zimmermann   September 1775

... portant d'ailleurs à la première vue la foudre dans ses yeux, il a du toucher tous les cœurs par sa bonhomie infiniment aimable ...

Brief Zimmermanns an Charlotte von Stein vom 29. Dezember 1775.

Wieland   1776

    Aus dem Gedicht »An Psyche«
... Und als wir nun so um und um
Eins in dem andern glücklich waren
Wie Geister im Elysium:
Auf einmal stand in unsrer Mitten
Ein Zaubrer! – Aber denke nicht,
Er kam mit unglückschwangerm Gesicht
Auf einem Drachen angeritten!
Ein schöner Hexenmeister es war,
Mit einem schwarzen Augenpaar,
Zaubernden Augen mit Götterblicken,
Gleich mächtig zu töten und zu entzücken.
So trat er unter uns, herrlich und hehr,
Ein echter Geisterkönig, daher.
Und niemand fragte, wer ist denn der?

Wir fühlten beim ersten Blick, 's war Er!
Wir fühltens mit allen unsern Sinnen
Durch alle unsre Adern rinnen.
So hat sich nie in Gottes Welt
Ein Menschensohn uns dargestellt . . .

Johann Wilhelm Ludwig Gleim   Ende Juni 1777

. . . Außer einem Paar schwarzglänzenden italienischen Augen, die er im Kopfe hatte, wüßte ich sonst nichts, das mir besonders an ihm aufgefallen wäre . . .

Erzählung Gleims nach Aufzeichnung von J. Falk

»Julie von Hirtenthal«   Januar 1778

Indessen verschaffte mir doch der Zufall die Bekanntschaft des so mannigfaltig beneideten, getadelten, geschmeichelten und nachgeahmten Goethe. – Stellen Sie sich, geliebte Julie, einen Mann von Dreißigen vor, denken sich dessen Körper, den er sehr gerade trägt, mehr mager, als stark, und bilden sich dessen Länge über mittelmäßig. In seinem blassen mit mäßigen Pockengruben bezeichneten Gesicht finden Sie eine große etwas erhabene Nase, schöne feurige schwarze Augen, im ganzen sehr viel Ausdruck. – Seine Kleidung ist einfach; viele Umstände und ängstliches Wesen sind ihm wie dem Herzog zuwider. Er zeichnet schön. Er scheint die Melancholie zu lieben und spricht wenig, wo er nicht bekannt ist; dann ist er aber ungezwungen und herablassend, und Spott und Satire beleben oft seine Ausdrücke. Sein Verstand ist durchdringend, und seine Kenntnis des menschlichen Herzens außerordentlich groß.

Wie gefällt Ihnen der Mann, meine Teuerste, den ich gesehen, unter einem fremden Namen gesprochen und von vielen habe beschreiben hören?

Aus dem anonym erschienenen Roman »Julie von Hirtenthal«. Eisenach 1781.

August Wilhelm Iffland   22. Dezember 1779

. . . Goethe hat einen Adlerblick, der nicht zu ertragen ist. Wenn er die Augenbrauen in die Höhe zieht, so ists, als ginge der Hirnknochen mit.

Brief Ifflands an seinen Bruder vom gleichen Tage.

Johann Anton Leisewitz   14. August 1780

Ich hatte heute Gelegenheit, seine [Goethes] Physiognomie noch genauer zu betrachten: schöne braune Augen und ein hübsches Obergesicht, nur um den Mund einige unangenehme Züge.

Brief von Leisewitz an seine Braut vom gleichen Tage.

Johann Heinrich Landolt   1782

Goethe ist Geheimer Rat und läßt sich Exzellenz heißen, denn der Herzog hat ihn geadelt! – Er empfing uns sehr höflich. Seine Physiognomie ist stark, und eben nicht einnehmend, die Gesichtsfarbe schwärzlich, und die Nase ziemlich groß; seine schwarzen Augen sind lebhaft und verraten einen feurigen Geist.

Aus Landolts Tagebuch seiner Reise in den Jahren 1782–1786

Ch. F. Rink   10. November 1783

. . . Sein Ansehen ist gar nicht einnehmend, seine Miene mehr fein und listig, als leutselig.

Aus Ch. F. Rinks Studienreise 1783/1784

Schiller   7. September 1788

Sein erster Anblick stimmte die hohe Meinung ziemlich tief herunter, die man mir von dieser anziehenden und schönen Figur
beigebracht hatte. Er ist von mittlerer Größe, trägt sich steif und
geht auch so; sein Gesicht ist verschlossen, aber sein Auge sehr
ausdrucksvoll, lebhaft, und man hängt mit Vergnügen an seinem
Blicke. Bei vielem Ernst hat seine Miene doch viel Wohlwollendes und Gutes. Er ist brünett und schien mir älter auszusehen, als
er meiner Berechnung nach wirklich sein kann. Seine Stimme ist
überaus angenehm, seine Erzählung fließend, geistvoll und be-
lebt; man hört ihn mit überaus vielem Vergnügen; und wenn er
bei gutem Humor ist, welches diesmal so ziemlich der Fall war,
spricht er gern und mit Interesse.

Brief Schillers an Körner vom 12. September 1788.

Johann David Falk   17. Juli 1792

Den folgenden Morgen besuchte ich den Geheimen Rat Goethe.
Er ist von mittlerem Wuchse, hat ein männlich braunes Antlitz,
schwarze funkelnde Augen, einen tieffassenden Blick, einen starken schwarzen Bart und genialische, aber regelmäßige Züge.
Sein Anzug war bürgerlich einfach – ein simpler blauer Überrock
– sein Anstand kunst- und anspruchslos. Ein mehr angeborner als
angenommener Ernst erweckt in jedem, der mit ihm spricht, ein
gewisses Gefühl von Hochachtung, ich möchte beinahe sagen
von Ehrfurcht, das aber keineswegs zurückstoßend ist. Ich hätte
ihn eher für einen biederherzigen Amtmann, als für den großen
Schriftsteller gehalten ...

Brief von J. D. Falk an seinen Bruder David vom 28. Dezember 1794.

Ein preußischer Artillerieoffizier   Ende August 1792?

Ich hatte schon vorher gehört, daß dieser Goethe ein sehr be-
rühmter Schriftsteller sein sollte ... Als man mir zuerst sagte, daß
ich jetzt häufig mit diesem Herrn zusammensein und ein gleiches
Quartier teilen müsse, da ich ja auch zur Suite des Herzogs von
Sachsen-Weimar befohlen war, so empfand ich anfänglich einige
Abneigung. – Ich hatte mir diese Herren Poeten bisher immer nur
als so eine Art äußerlich und sittlich verkommener Menschen gedacht ... Wie überrascht war ich nun aber, als ich diesen Herrn
Goethe persönlich zuerst kennen lernte: es war ein ungemein
stattlicher, ansehnlicher, auf das eleganteste angekleideter Mann
in den besten Jahren, der mit einem so vornehmen Wesen auftrat,
daß man ihn wirklich eher für einen Prinzen, als für einen bürger-
lichen Sekretarius hätte halten können. Er hatte etwas sehr
Selbstbewußtes in seinem ganzen Benehmen, und die Worte flos-
sen dabei so schön und gewandt von seinem Munde, daß es
immer auf den Zuhörer den Eindruck machte, als höre er aus einem gedruckten Buche vorlesen ... So hörte er sich auch zu gern
selbst sprechen und hielt wohl mitunter auch Reden, die zwar
sehr schön klangen, aber ihrem eigentlichen Inhalte nach doch
nur leer waren, über Dinge, die er unmöglich verstehen konnte
...
Aus alten Tagebüchern. Bearbeitet von J. v. Wickede. Jena 1868.

David Veit   18. März 1793

... Das erste, was mir an ihm auffiel und Sie zu wissen verlan-
gen, war seine Figur. Er ist von weit mehr als gewöhnlicher
Größe, und dieser Größe proportioniert dick, breitschulterig ...
Die Stirn ist außerordentlich schön, schöner, als ich sie je gesehen; die Augenbrauen im Gemälde[1] vollkommen getroffen, aber
die völlig braunen Augen mehr nach unten zugeschnitten, als

1 Es ist die Kreidezeichnung von Lips gemeint.

dort. In seinen Augen ist viel Geist, aber nicht das verzehrende Feuer, wovon man so viel spricht. Unter den Augen hat er schon Falten und ziemlich beträchtliche Säcke; überhaupt sieht man ihm das Alter von 44 bis 45 Jahren recht eigentlich an, und das Gemälde ist in der Tat zu jugendlich; es müßte denn wahr sein, was man in Weimar allgemein behauptet, daß er während seinem Aufenthalt in Italien merklich gealtert habe. Die Nase ist eine recht eigentliche Habichtnase, nur daß die Krümmung in der Mitte sich recht sanft verliert. (Ich habe ihn, indes er meinem Oheim verschiedene Fragen vorlegte, von der Seite und in dem Spiegel recht starr angesehen.) Der Mund ist sehr schön, klein, und außerordentlicher Biegungen fähig ... Wenn er schweigt, sieht er recht ernsthaft, aber wahrhaftig nicht mürrisch, und kein Gedanke, keine Spur von Aufgeblasenheit. Auch dem Dümmsten müßte Aufgeblasenheit an einem Menschen mißfallen, der in Sprache und Manier so ganz simpel wie jeder Geschäftsmann ist. Das Gesicht ist voll, mit ziemlich herabhängenden Backen. Im ganzen ist das Gemälde[1] wohl getroffen; aber es macht doch einen sehr falschen Begriff von ihm, Sie würden ihn gewiß nicht erkennen. Er hat eine männliche, sehr braune Gesichtsfarbe, die Farbe der Haare ist etwas heller. Er trägt das Vorderhaar ratzenkahl abgeschoren, an den Seiten ausgekämmt und völlig anliegend, einen langen Zopf; weiß gepudert. Die Binde im Porträt verstehe ich gar nicht. Lips muß ihn haben putzen wollen. Seine Binde ist eine von den unter gesetzten Männern ganz gewöhnlichen, hinten zugeschnallt, vorne glatt und dünn, und wegen dem übergelegten Hemdkragen wenig zu sehen. Die Wäsche fein, mit wenig vorstehendem Jabot. Kleidung: ein blauer Überrock mit gesponnenen Knöpfen, doppeltem Kragen (der eine über die Schultern, der stehende nicht recht hoch), eine schmalgestreifte Weste von Manchester ...; kalblederne ordinäre Stiefel. Alles zusammen genommen kann er ein Minister, ein Kriegsrat, ein Geheimrat, allenfalls ein Amtmann sein, nur kein Gelehrter und gewiß kein Virtuose. In Berlin würde ihn jeder einheimisch glauben.

Brief David Veits an Rahel Levin vom 20. März 1793.

Friederike Brun   9. Juli 1795

Abends brachte mir die brave Göchhausen den Goethe. Anspruchsloser, wie er es ist in seinem Reden und Schweigen, in seinem Gehen und Stehen, ist es unmöglich zu sein. Sein Gesicht ist edel gebildet, ohne gleich einen innern Adel entgegen zu strahlen, eine bittre Apathie ruht wie eine Wolke auf seiner Stirn. Bei einem schönen männlichen Wuchs fehlt es ihm an Eleganz, und seinem ganzen Wesen an Gewandtheit.

Aus Friederike Bruns Tagebuch.

Charlotte von Stein   26. Februar 1796

. . . Er [Goethe] war entsetzlich dick, mit kurzen Armen, die er ganz gestreckt in beide Hosentaschen hielt . . . er ist recht zur Erde geworden, von der wir genommen sind.

Brief der Frau von Stein an ihren Sohn Fritz.

Henrich Sebastian Hüsgen   11/12. August 1797

Letzt abgewichenen Freitag morgen (also den 11.) erschien ganz unerwartet ein Fremder in meinem Zimmer, den ich vor seinem wohlgemästeten Bauch nicht erkannte, bis ihn seine Stimme bei der Frage verriet: »Kennen Sie denn Ihren alten Freund nicht mehr?« und siehe da, es war Goethe in eigener hoher Person, und ungeachtet er eine geraume Zeit bei mir blieb, so bliebe er doch erbärmlich steif und zurückhaltend.

Brief Hüsgens an J. I. von Gerning vom 15. August 1797.

Johann Friedrich Abegg   3. Mai 1798

Göthe ist einer der schönsten Männer, die ich je gesehen habe. Fast einen halben Kopf größer als ich, sehr gut gewachsen, angenehm dick, und sein Auge ist in der Wirklichkeit nicht so grell als in dem Kupferstich. Ruhe, Selbständigkeit und eine gewisse vornehme Behaglichkeit wird durch sein ganzes Betragen ausgedrückt. Mit keinem von der Gesellschaft unterhielt er sich besonders lange. Er ging aus einem Zimmer ins andere, und machte bald diesem, bald jenem ein freundlich Gesicht.

Johann Friedrich Abegg, Reisetagebuch von 1798.

Karl von Stein   Juni 1799

Wen sie [die Zeit] aber von seiten des Körpers unkenntlich gemacht hat, ist Goethe. Sein Gang ist überaus langsam, sein Bauch nach untenzu hervorstehend . . . sein Kinn ganz an den Hals herangezogen . . . seine Backen dick, sein Mund in halber Mondsform, seine Augen allein noch gen Himmel gerichtet, sein Hut aber noch mehr, und sein ganzer Ausdruck eine Art von selbstzufriedener Gleichgültigkeit, ohne eigentlich froh auszusehen. Er dauert mich, der schöne Mann, der so edel in dem Ausdruck seines Körpers war.

Brief Karl von Steins an Fritz von Stein.

Bernhard Rudolf Abeken   Anfang d. J. 1800

. . . Dann begegnete mir Goethe manchmal in Jena, wo er auch, nachdem Schiller sich in Weimar niedergelassen, oft verweilte. Er war damals stark, mehrere Jahre später hatte er eine bessere Proportion; noch trug er das Haar in einen starken, den ganzen Rücken hinabhängenden Zopf gewunden.

Aus B. R. Abekens Erinnerungen »Goethe in meinem Leben«.

Heinrich Voß   Ende 1800

Ich kann mein Beispiel anführen, da ich, als ich Schiller soeben
verlassen hatte, vor drei Jahren zuerst zu Goethe kam und ihn
ebenso erwartete. Ich ward zurückgestoßen durch sein Auge; ich
fühlte mich zu klein, zu schwach, mit einem Worte: es war der
Eindruck einer gewaltigen Masse auf das unvorbereitete Auge.
Ich verließ ihn voll Ehrfurcht, aber konnte ihn nicht lieben ...

Brief von H. Voß an Börm.

Heinrich Voß   29. März bis 8. April 1804

Wenn er dann in Feuer gerät, so wird sein Schritt hastiger, oder
wenn er gewisse Gegenstände fixiert, um sie tief zu ergründen,
dann steht er auch wohl gar stille und stemmt einen Fuß vor den
andern, mit dem Körper rückwärts gebogen. Ihm bei Tische gerade entgegen zu sitzen und in sein feuriges tiefes Auge zu blicken,
ist eine wahre Wonne. (Goethe sagt selbst einmal was Ähnliches
in seinem »Götz«.) Es drückt sich in seinen Zügen bei aller Majestät so viel Güte und Wohlwollen aus. Nie aber ist er angenehmer
und liebenswürdiger, als des Abends in seinem Zimmer, wenn er
ausgezogen ist und entweder mit dem Rücken gegen den Ofen
steht, oder auf dem Sofa sitzt. Ja, da wird es unmöglich, sich ihm
nicht hinzugeben. Ob es die Ruhe macht, die abendliche Stille,
das Gefühl der Erholung von oft schweren Arbeiten, oder was es
ist: dann ist er am heitersten und gesprächigsten, am offensten
und herzlichsten. Ja, Goethe kann die Herzlichkeit selbst sein.
Dann hat sein manchmal furchterregender Blick auch alles
Schreckhafte verloren.

Brief von H. Voß an Boie.

Graf Hans Gabriel Trolle-Wachtmeister   1804

... Nie zuvor habe ich ein Antlitz gesehen, welches sich mit dem Goethes vergleichen ließe. So männlich schöne Gesichtszüge, die so deutlich das Gepräge der Elevation, der Energie und der Genialität tragen, oder ein solches Feuer, wie es aus seinen großen schwarzbraunen Augen blitzt, vermag man sich nicht vorzustellen.

Aus dem von Elof Tegnér herausgegebenen Tagebuch der Reise des Grafen durch Europa. Original schwedisch.

Carl Ludwig von Woltmann   1805

... Wenn Goethe sich froh seiner Natur überläßt, so ist es wirklich, als wenn die Sonne aufgeht. Vor seinem Licht verschwindet immer mehr alle Schranke, und in seinem Auge, seiner Stirn, seinen Zügen, die sich immer mehr erweitern, liegt gleichsam das Universum. Dennoch ist wahr, selbst wenn seine Natur in ihrer heitren Fülle waltete, steckte bisweilen etwas wieder hervor, das mich an den Schultheißen von Frankfurt erinnerte.

Aus C. L. v. Woltmann: Memoiren des Freiherrn von S-a.

Johanna Schopenhauer   27. November 1806

... Er ist das vollkommenste Wesen, das ich kenne, auch im Äußeren; eine hohe, schöne Gestalt, die sich sehr gerade hält, sehr sorgfältig gekleidet, immer schwarz oder ganz dunkelblau, die Haare recht geschmackvoll frisiert und gepudert, wie es seinem Alter ziemt, und ein gar prächtiges Gesicht mit zwei klaren braunen Augen, die mild und durchdringend zugleich sind. Wenn er spricht, verschönert er sich unglaublich; ich kann ihn dann nicht genug ansehen.

Brief Johanna Schopenhauers an ihren Sohn vom 28. November 1806.

Hermann von Boyen   1806–1807

... Zu Goethe mochte ich nicht hingehen; teils hatte seine
äußere stolze Erscheinung für mich zu wenig Einladendes, teils
lobte er auch in jener Periode die Franzosen mir etwas zuviel...

*Erinnerungen aus dem Leben des General-Feldmarschalls Her-
mann von Boyen.*

Stephan Schütze   1806/1807 und später

Das Merkwürdigste war, ihn fast jedesmal in einer anderen
Stimmung zu sehen, so daß, wer ihn mit einem Male zu fassen
glaubte, sich das nächste Mal gewiß gestehen mußte, daß er ihm
wieder entschlüpft sei. Man hatte bald einen sanft-ruhigen, bald
einen verdrießlich-abschreckenden (auch Kummer drückte sich
bei ihm gewöhnlich durch Verdrießlichkeit aus), bald einen sich
absondernden, schweigsamen, bald einen beredten, ja redseli-
gen, bald einen episch-ruhigen, bald – wiewohl seltener – einen
feurig-aufgeregten, begeisterten, bald einen ironisch-scherzen-
den, schalkhaft-neckenden, bald einen zornig-scheltenden, bald
sogar einen übermütigen Goethe vor sich. Wenn uns ein solcher
Wechsel bei ihm in Verwunderung setzt, rührt es nur daher, daß
wir die menschliche Natur überhaupt zu wenig kennen. Diese
große Verschiedenheit oder Menge von Stimmungen war bei
Goethe etwas ganz Natürliches, ja Notwendiges; denn wie hätte
er bei seiner Richtung auf Universalität in so vielerlei Verhältnisse und Gemütsverfassungen sich mit Leichtigkeit versenken
können, wenn seiner Phantasie nicht auch eine große Schmieg-
samkeit des Gefühlssystems wäre beigegeben worden, ein wan-
delbares Mitempfinden, das bei aller Ruhe und Freiheit doch zum
Medium des Auffassens und zur Grundlage einer neuen Schöpfung dienen muß...
Die höchste Glorie umleuchtete ihn erst in Augenblicken der
Begeisterung, wenn ein lebhafteres Rot die Wangen überflog,

deutlicher der Gedanke auf der erhabenen Stirn hervortrat, himmlischer noch die Strahlen seines Auges glänzten, und sein ganzes Antlitz sich zum Ausdruck einer göttlichen Anschauung verklärte . . .

Wenn er eintrat, schritt er, ohne rechts oder links zu schauen, mit steifer Haltung durch alle Personen hindurch geradeswegs auf die Wirtin zu, machte ihr sein ernstes Kompliment und verneigte sich dann mit einer sanften Verbeugung gegen die übrigen im Kreise herum. Mit kurzen, schnell wechselnden Reden über etwas leicht hinzugleiten, war ihm nicht eigen; eher tat er etwas mit der Milde eines halb ausgesprochenen Wortes ab. Sonst sprach er in der Regel etwas langsam, nach den tiefen Tönen zu, mit einer bequemen Würde, die den Gegenstand von sich entfernt hält und auch gegen persönliche Annäherung sich verwahrt. Dies Entfernthalten drückte sich auch praktisch häufig in den Worten aus: »Das ist nun so!« – oder: »Das wird sich machen lassen!«

Aus einem Aufsatz St. Schützes über die Abendgesellschaften der Hofrätin Schopenhauer.

Wolf Graf Baudissin   23. Mai 1809

Ich schwöre, daß ich nie einen schöneren Mann von sechzig Jahren gesehen habe. Stirn, Nase und Augen sind wie vom olympischen Jupiter, und letztere ganz unmalbar und unvergleichbar. Erst konnte ich mich nur recht an den schönen Zügen und der herrlichen braunen Gesichtsfarbe weiden; nachher aber, wie er anfing lebhafter zu erzählen und zu gestikulieren, wurden die beiden schwarzen Sonnen noch einmal so groß, und glänzten und leuchteten so göttlich, daß, wenn er zürnt, ich nicht begreife, wie ihre Blitze nur zu ertragen sind. Ich war in einem solchen Anstaunen und Anbeten, daß ich alle Blödigkeit rein vergaß. Mehrere Fremde haben über seine Härte und Steifigkeit geklagt, gegen uns ist er äußerst human und freundlich gewesen. Er hatte einen blauen Überrock an und gepudertes Haar ohne Zopf. Seine ehemalige Korpulenz hat er verloren, und seine Figur ist jetzt im vollkommensten Ebenmaß und von höchster Schönheit. Man kann keine schönere Hand sehn als die seinige, und er gestikuliert beim Gespräch mit Feuer und entzückender Grazie. Seine Aussprache ist die eines Süddeutschen, der sich in Norddeutschland gebildet hat, welche mir immer die vorzüglichere scheint; er spricht leise, aber mit einem herrlichen Organ, und weder zu schnell noch zu langsam. Und wie kommt er in die Stube, wie steht und geht er! Er ist ein geborner König der Welt.

Brief von Wolf Graf Baudissin an seine Schwester vom 1. Juni 1809.

Martin Hieronymus Hudtwalcker   Mai/Juni 1809

Sein Blick ist hinreißend, und wenn vollends eine Träne sein Auge füllt, was ihm im Feuer seiner Begeisterung und bei seiner sittlichen Reizbarkeit nicht selten begegnet, so möchte gewiß jeder Jüngling ihm um den Hals fallen und jedes Mädchen an seine Brust.

Brief Hudtwalckers an seine Mutter.

Andreas Adolf Baron von Merian   September 1810

Goethe war einfach angezogen, trug Stiefel, runden Hut, seine Orden. Seine Haare sind schwarz mit grau untermischt. Er hat eine sehr hohe, etwas zurückliegende Stirn, wie Homer und alle großen Dichter.

Sein Kopf, der eher schmal ist, spitzt sich gegen oben hinten zu. Schwarz, und schön, und immerfort in Bewegung sind seine Augen. Das Angesicht ist länglich und gefurcht, die Nase adlerisch. Seine Gestalt ist ansehnlich, gerade, fast zurücklehnend; sein ganzer Anstand männlich, sehr ernst, beinahe trocken. Er sprach von ganz gewöhnlichen Dingen auf eine ganz gewöhnliche Weise. Das tut er mit Fleiß.

Aufzeichnung Merians

Friedrich Baron de la Motte Fouqué   Ende Oktober 1813

Unversehens ging die Zimmertür leise auf, und hervor blickte das noch ganz unvergeßne Apollo-Antlitz, apollinischer noch, weil in häuslicher Bequemlichkeit die Halsbinde fortgeblieben war, und so die Heroen-Physiognomie sich noch idealer hervorhob. »Treten Sie näher«, sprach die wohllautende Stimme . . . Voll tiefster Ehrerbietung mich neigend, trat ich über die Schwelle . . .

Aus Fouqué: Goethe und Einer seiner Bewundrer.

Dietrich Georg Kieser   12. Dezember 1813

. . . Ich fand ihn allein, wunderbar aufgeregt, glühend, ganz wie im Kügelgenschen Bilde . . . Ich fürchtete mich beinahe vor ihm; er erschien mir, wie ich mir als Kind die goldenen Drachen der chinesischen Kaiser dachte, die nur die Majestät tragen können. Ich sah ihn nie so furchtbar heftig, gewaltig, grollend; sein Auge glühte, oft mangelten die Worte, und dann schwoll sein Gesicht, und die Augen glühten, und die ganze Gestikulation mußte dann das fehlende Wort ersetzen . . .

Brief Kiesers an Luise Seidler vom gleichen Tage.

Friedrich von Matthisson   April 1815

. . . Selten schuf die Natur wohl ein Auge von gediegenerm Feuerstoff, als das Auge Goethes, welches noch leuchtet und glänzt, wie vor 30 Jahren. »Wenn Sie mich nicht mehr so aufrecht einherschreiten sehen, wie bei Ihrer vorigen Erscheinung«, sagte er scherzend, »so müssen Sie das ganz in Ordnung finden: denn es ging so viel seitdem über unsern Köpfen weg, daß wir uns natürlich haben bücken müssen.«

Aus F. v. Matthissons Erinnerungen.

Ernst Moritz Arndt   26. Juli 1815

Hier konnte ich mir unsern Heros Goethe ein paar Tage recht ruhig betrachten, mich seines herrlichen Angesichts erfreuen: die stolze breite Stirn und die schönsten braunen Augen, die, immer wie in einem Betrachten und Schauen begriffen, offen und sicher feststanden und auf jeden Gegenstehenden und Gegenschauenden trafen; aber doch gewahrte ich, was mir in seiner Haltung früher schon aufgefallen war, ein kleines Mißverhältnis in der Gestalt des schönen Greises: wann er stand, gewahrte, wer überhaupt dergleichen sehen kann, daß sein Leib eine gewisse Steifheit und gleichsam Unbeholfenheit hatte: seine Beine waren um sechs, sieben Zoll zu kurz. Ich habe mir das Wesen der Zukurzbeinigen im Leben genug betrachtet. Sie entbehren immer einer leichten natürlichen Beweglichkeit und Schwunghaftigkeit des Leibes, und ich glaube daher, daß der junge Goethe, von seinem achtzehnten bis fünfunddreißigsten Jahr gerechnet, als Reiter, Fechter, Tänzer, Schlittschuhläufer nimmer ein Leichtfliegender hat sein gekonnt. Es gab ihm dieser leibliche Mangel wohl etwas von einer natürlichen Steifheit; anderes mochte in Art und Gewohnheit liegen.

Goethe war ja Minister und Exzellenz und in Wahrheit eine der exzellentesten Exzellenzen des Vaterlandes; aber hier in Köln wie? wie? Es kamen von den jungen Offizieren, die in Köln standen, einige, sich vor ihm zu verneigen, solche, deren Väter oder Vettern er kannte, Thüringer und andere, Ministersöhne, Baronensöhne, unter ihnen Wilhelm Humboldts Erstgeborner, Jungen, vor welchen Stein, ja nicht einmal unsereiner, nicht die Mütze abgezogen hätte – und Goethe stand vor ihnen in einer Stellung, als sei er der Untere. Eine solche Ungefügigkeit des Leibes, eine solche fast dienerliche Haltung einem Altadligen gegenüber, vielleicht aus Jugendgewohnheit, womit eine gewisse Steifheit verknüpft war, ist dem sonst zwar stolzen, aber sehr großmütigen liebenswürdigen Manne von den Unkundigen wohl oft als Hoffart ausgelegt worden. Aus dem Gefühl eines gewissen körperlichen Mangels hat er in Beschreibungen und Schilderungen seiner sogenannten ritterlichen Männer (ein Jarno und Konsorten) auf jene körperliche Beweglichkeit und Gewandtheit, welche jeder Jagdjunker und Kammerjunker von Kind auf leicht und umsonst gewinnt, wie mir deucht, im kleinen einen zu großen Wert gelegt.

Aus E. M. Arndt: Meine Wanderungen und Wandelungen mit dem Reichsfreiherrn H. K. F. von Stein.

Wilhelm Grimm   28. August 1815

Da er sich wohl bewußt sein mag, wie leicht er an etwas teilnimmt, so hat er eine eigene wunderliche Scheu, man kann sagen Ängstlichkeit, daß ihm ja nichts zu nahe rückt, und er weicht gewiß aus oder setzt sich eiskalt hin, wenn man von etwas mit Lebhaftigkeit und Eifer spricht, das er noch nicht kennt.

Brief W. Grimms an Jakob Grimm vom 20. November 1815.

Victor Cousin   20. Oktober 1817

Il m'est impossible de donner une idée du charme de la parole de Goethe: tout est individuel, et cependant tout a la magie de l'infini: le précision et l'étendue, la netteté et la force, l'abondance et la simplicité, et une grâce indéfinissable sont dans son langage. Il finit par me subjuguer, et je l'écoutais avec délices. Il passait sans efforts d'une idée à une autre, répandant sur chacune une lumière vaste et douce qui m'éclairait et m'enchantait. Son esprit se développait devant moi avec la pureté, la facilité, l'éclat tempéré et l'énergique simplicité de celui d'Homère.

Aus Cousin: Fragments et souvenirs.

Theodor von Kobbe   11. April 1818

Ich weiß nicht recht, woher es kam, aber drei Vergleiche drängten sich bei seinem Anblick solidarisch in meine Vorstellung. – Bald glaubte ich den Apoll von Belvedere, bald einen Pfau, bald die Ruinen des Heidelberger Schlosses zu sehen. Das schöne Auge schien mir etwas gebrochen. – Daher mag der letzte Vergleich der passendste sein.

Aus Th. von Kobbe: Humoristische Erinnerungen aus einem akademischen Leben in Heidelberg und Kiel in den Jahren 1817–1819.

Johann Sebastian Grüner   26. April 1820

Goethe war von hohem Wuchse, von starkem robusten Körperbau, das bräunliche Haar war wenig gebleicht, die Stirne hoch gewölbt, das Auge noch frisch und feurig, die Gesichtsfarbe weiß und gerötet. Die Züge im Gesicht waren stark, das Kinn etwas hervortretend, der Hals bedeutend fleischig, kurz, es herrschte ein ausgezeichnetes richtiges Verhältnis zwischen allen Gliedmaßen seiner kraftvollen imponierenden Gestalt. Gewöhnlich trug er einen dunkelbauen, bis an die Waden reichenden Überrock, zuweilen Frack und Beinkleider von gleicher Farbe. Seine Kleidungsstücke waren ziemlich nach der Mode, doch nicht auffallend, und so gemacht, daß er sich leicht darin bewegen konnte. Eine feine weiße oder schwarzseidene Weste, ein weißbattistenes Tuch um den Hals schmal zusammengelegt und beide Enden durch eine Vorstecknadel verbunden, durften nicht fehlen. Seiner Vollblütigkeit wegen, die sich in dem geröteten Antlitze kundgab, hatte er sich angewöhnt, das Halstuch sehr locker zu tragen. In seiner Wohnung pflegte er den Hals ganz frei zu halten und im Schlafrock zu arbeiten. Bei Ausfahrten und Exkursionen wurde auch im Sommer ein Mantel mitgenommen, der einen stehenden, mit rotem Samt gefütterten Kragen hatte, so daß äußerlich ein roter Saum von eines Viertelzolls Breite zu sehen war. Ordenszeichen trug er nur bei feierlichen Anlässen.

Aus Grüners Aufzeichnungen.

Anselm Feuerbach   11. Mai 1820

Einer jener Wünsche, die sonst mein ganzes Herz erfüllten, ward mir heute gewährt. Ich habe Goethe gesehen und gesprochen ... Welch ein Kopf! Wie eines Tempels Gewölbe hebt sich die Stirn. Die Augen treten licht und klar wie strahlende Heroen im dunkelglänzenden Waffenrock mit ernstem, gemessenem Schritte aus der gewaltigen Wölbung. Ruhig und doch voll Feuer. So gebieterisch und doch so milde. In seltsamem Kontrast mit der Ruhe jener Felsenstirn steht die gefällige Beweglichkeit des Mundes, durch dessen freundliches Lächeln nicht selten eine gewisse Ironie durchblickt. Ruhe haben diese Lippen nie, auch wenn sie schweigen, sind sie beredt.

Aus Anselm Feuerbachs Leben, Briefe und Gedichte.

Constantin E. von Weltzien   9. Oktober 1820

Obgleich es noch früh war und Goethe vormittags nie ausgehen soll, so fand ich ihn doch ganz in Gala in seinem Zimmer allein auf und nieder gehen. Er hatte einen schwarzen feinen Frack an, worauf der große Stern der Ehrenlegion[1] prangte; schwarze Pantalons nebst Stiefeln, eine weiße Weste und sehr feine Manschetten, so daß ich noch immer nicht begreifen kann, wie ein Mann in seinem Alter sich zu Hause solchen Zwang antut. Sein Gesicht hat ungeachtet der tiefen Furchen und Runzeln, welche 72 Lebensjahre hineingegraben haben, einen außerordentlichen Ausdruck, den ich aber ganz anders fand, als ich ihn erwartete: nichts von Arroganz, nichts von Menschenverachtung, sondern etwas ganz Unnennbares, wie es Männern eigen zu sein pflegt, die durch vielfältige Erfahrungen und Schicksale und gleichsam im Kampf durch das Leben gegangen sind und nun im Gefühl ihrer wohlerhaltenen Integrität mit beneidenswerter Gemütsruhe der Zukunft entgegensehn. In diesen Ausdruck mischt sich bei Goethe ein unverkennbarer Zug von Herzensgüte und zugleich ein anderer von besiegter ehemaliger Leidenschaftlichkeit, welche noch in dem unstäten Wesen seines Blicks sich offenbart. Sein großes helles Auge heftete er während des Gesprächs oft auf mich, sowie ich aber aufblickte und seinem Blicke begegnete, wandte er diesen gleich ab und ließ ihn unstät herumschweifen. Diesem Ganzen verleiht das graue Haar einen noch größern Zauber.

Brief von C. E. v. Weltzien an C. v. Seidlitz vom gleichen Tage.

Nikolaus von Rußland (als Großfürst)   Mai 1821

Die äußere Erscheinung des alten Olympiers muß Nikolaus außerordentlich imponiert haben; denn der Kaiser bemerkte darüber: »Ein prächtiger Kopf, der Kopf eines Jupiter Stator.« Weiter meinte der Kaiser: »Er hat durch seine göttliche Ruhe und durch sein ernstes, gehaltenes Wesen einen ganz gewaltigen Eindruck

---

1 Wohl des Falkenordens.

auf mich gemacht. Er erweckte Achtung durch diese Ruhe und durch seine schlichte Haltung.«

Nach den Aufzeichnungen Smirnows.

Karl Gustav Carus   21. Juli 1821

Endlich kündigte ein rüstiger Schritt durch die anstoßenden Zimmer den werten Mann selbst an. Einfach im blauen Zeug-oberrock gekleidet, gestiefelt, in kurzem, etwas gepuderten Haar, mit den bekannten von Rauch herrlich aufgefaßten Gesichtszü-gen, in gerader kräftiger Haltung schritt er auf mich zu und führte mich zum Sofa. Die zweiundsiebzig Jahre haben auf Goethe we-nig Eindruck gemacht, der Arcus senilis in der Hornhaut beider Augen beginnt zwar sich zu bilden, aber ohne dem Feuer des Au-ges zu schaden. Überhaupt ist das Auge an ihm vorzüglich spre-chend, und mir erschien darin zumeist die ganze Weichheit des Dichtergemüts, welche sein übriger ablehnender Anstand nur mit Mühe zurückzuhalten und gegen das Eindringen und Beläsi-gen der Welt zu schützen scheint; doch auch das ganze Feuer des hochbegabten Sehers leuchtete in einzelnen Momenten des wei-tern mehr erwärmten Gesprächs mit fast dämonischer Gewalt aus den schnell aufgeschlagenen Augen.

Aus C. G. Carus: Lebenserinnerungen und Denkwürdigkeiten.

August Graf von Platen   17. Oktober 1821

Von Goethes Person wage ich kaum etwas zu sagen. Er ist sehr groß, von starkem, aber gar nicht ins Plumpe fallenden Körper-bau. Bei seiner Verbeugung konnte man ein leichtes Zittern be-merken. Auch auf seinem Angesicht sind die Spuren des Alters eingeprägt. Die Haare grau und dünn, die Stirn ganz außerordent-lich hoch und schön, die Nase groß, die Form des Gesichts länglich, die Augen schwarz, etwas nahe beisammen, und wenn er freundlich sein will, blitzend von Liebe und Gutmütigkeit. Güte ist überhaupt in seiner Physiognomie vorherrschend. Er ließ uns auf das Sofa sitzen und nahm bei Gruber Platz. Bei der Feierlichkeit, die er verbreitet, konnte das Gespräch nicht erheblich werden, und nach einiger Zeit entließ er uns wieder.

Aus Platens Tagebüchern. Eintragung vom gleichen Tage.

Felix Mendelssohn-Bartholdy   10. November 1821

Daß seine Figur imposant ist, kann ich nicht finden ... Doch seine Haltung, seine Sprache, sein Name, die sind imposant. Einen ungeheuren Klang der Stimme hat er, und schreien kann er wie zehntausend Streiter. Sein Haar ist noch nicht weiß, sein Gang ist fest, seine Rede sanft.

Brief von Felix Mendelssohn-Bartholdy an die Eltern vom 14. November 1821.

Niels Laurids Höyen   29. März 1823

Ich wurde zuerst in ein Kabinett geführt, durch dessen offene Tür ich in die anstoßenden Zimmer hineinsah. Das Ganze war elegant, aber keineswegs prächtig eingerichtet: hübsche Teppiche auf dem Fußboden; die Türen in die Wand hineinzuschieben, die Wände waren dekoriert mit einer Menge schöner Zeichnungen und Gemälde ... Aber ich kam nicht dazu, dies alles recht zu betrachten, weil Goethe nun eintrat. Der Diener, welcher ihm folgte, setzte zwei Stühle hin und entfernte sich wieder. Ich war also nun allein mit Goethe, und wir setzten uns ... Er bewegte sich mit Leichtigkeit; in seiner schlanken festen Haltung war keine Spur von einer kürzlich überstandenen Krankheit zu finden; sein Gesicht war ernst und doch milde. Die Gesichtsfarbe bräunlich; alle Züge verkündeten den Greis, aber ohne Schwäche. Seine Augen waren mir besonders merkwürdig: das Weiße darin fing an, gelb zu werden, auch hatten die Runzeln des Alters sich stark um die Augenlider gesammelt, aber die Pupille besaß noch die schöne braune Farbe unverdunkelt; sie funkelte fast. Die Stimme war etwas leise, aber äußerst weich und leicht fließend.

Brief Höyens in seiner von J. L. Ussing herausgegebenen Biographie. Original dänisch.

Johann Peter Eckermann   10. Juni 1823

Es währte nicht lange, so kam Goethe, in einem blauen Oberrock und in Schuhen; eine erhabene Gestalt! Der Eindruck war überraschend. Doch verscheuchte er sogleich jede Befangenheit durch die freundlichsten Worte. Wir setzten uns auf das Sofa. Ich war glücklich verwirrt in seinem Anblick und seiner Nähe, ich wußte ihm wenig oder nichts zu sagen ...

Wir saßen lange beisammen, in ruhiger liebevoller Stimmung. Ich drückte seine Kniee, ich vergaß das Reden über seinem Anblick, ich konnte mich an ihm nicht satt sehen. Das Gesicht so kräftig und braun und voller Falten, und jede Falte voller Ausdruck. Und in allem solche Biederkeit und Festigkeit, und solche Ruhe und Größe! Er sprach langsam und bequem, so wie man sich wohl einen bejahrten Monarchen denkt, wenn er redet. Man sah ihm an, daß er in sich selber ruht und über Lob und Tadel erhaben ist. Es war mir bei ihm unbeschreiblich wohl; ich fühlte mich beruhigt, so wie es jemandem sein mag, der nach vieler Mühe und langem Hoffen endlich seine liebsten Wünsche befriedigt sieht ...

Aus Eckermanns Gesprächen mit Goethe.

Georg Friedrich Kersting   18. August 1824

Ich fand Goethen zwar sehr gealtert auch etwas Zittrich an den
Armen, aber am Geiste Stark und Jung, er bot mir freundlich guten Tag, und mußte mich zu ihm auf den Sofa setzen, war herzlich
und sprach ohngefehr $\frac{1}{2}$ Stunde mit mir über meine Verhältnisse,
auch Weib und Kinder wurden freundlich gedacht, gute Seele
hettest Du doch in diesen Augenblicken den herrlichen Greiß sehen können, der mich so freundlich mit seinen gewaltigen Augen
fortwehrend ansah, und wie er mich beim fortgang so herzlich
noch die Hand drückte und mir ferner Glück und zufriedenheit
wünschte, Du würdest gewiß auch freudentränen geweint haben
so wie ich . . .

Brief Kerstings an seine Frau vom 19. August 1824.

Wilhelm Häring und Karl Grüneisen   13. Septemper 1824

Es schlug fünf! – Die Pforte öffnete sich . . .»Exzellenz werden
alsbald erscheinen!« sagte der Kammerdiener, auf die für uns be-
reitgestellten Stühle weisend, und wenige Sekunden darauf, als
habe sie schon hinter der Tür bereit gestanden, trat die Exzellenz
ein. Von Kopf bis Fuß in glänzendem Schwarz, den großen blit-
zenden Stern auf der Brust. Wir verbeugten uns tief, wir stammel-
ten einige Silben, die Exzellenz erwiderte andere und deutete
einladend auf die Stühle . . . Die Exzellenz spielte, die Hände halb
vor sich auf dem Schoße gefaltet, mit den Daumen ein Rad schla-
gend. Wir saßen ehrfurchtsvoll übergebeugt, um keinen Laut zu
verlieren . . .
Ich weiß nicht, ob es schon das Wort Exzellenz auf der Lippe
des Kammerdieners war, oder der glänzend schwarze Frack,
oder der blitzende große Stern, was meinen Zauber mit einem
Male verschwinden ließ und mich plötzlich in die bare Wirklichkeit zurückversetzte. Das Herz schlug ganz ruhig, das Fieber war
fort; nicht Goethe der Dichter des »Werther«, »Götz«, »Faust«,

nicht der Liedersänger war zu uns getreten, sondern Goethe der vornehme Mann gab uns Audienz ...

Aus »Penelope«. Taschenbuch für das Jahr 1839.

Heinrich Heine   2. Oktober 1824

Über Goethes Aussehen erschrak ich bis in tiefster Seele, das Gesicht gelb und mumienhaft, der zahnlose Mund in ängstlicher Bewegung, die ganze Gestalt ein Bild menschlicher Hinfälligkeit. Vielleicht Folge seiner letzten Krankheit. Nur sein Auge war klar und glänzend. Dieses Auge ist die einzige Merkwürdigkeit, die Weimar jetzt besitzt.

Brief Heines an R. Christiani vom 26. Mai 1825.

Franz Grillparzer   29. September 1826

Gegen Abend ging ich zu Goethe. Ich fand im Salon eine ziemlich große Gesellschaft, die des noch nicht sichtbar gewordenen Herrn Geheimrats wartete ...

Endlich öffnete sich eine Seitentüre, und er selbst trat ein. Schwarz gekleidet, den Ordensstern auf der Brust, gerader, beinahe steifer Haltung, trat er unter uns, wie ein Audienz gebender Monarch. Er sprach mit diesem und jenem ein paar Worte, und kam endlich auch zu mir, der ich an der entgegengesetzten Seite des Zimmers stand ...

Ich gestehe, daß ich mit einer höchst unangenehmen Empfindung in mein Gasthaus zurückkehrte. Nicht als wäre meine Eitelkeit beleidigt gewesen, Goethe hatte mich im Gegenteil freundlicher und aufmerksamer behandelt, als ich voraussetzte. Aber das Ideal meiner Jugend, den Dichter des »Faust«, »Clavigo« und »Egmont« als steifen Minister zu sehen, der seinen Gästen den Tee gesegnete, ließ mich aus all meinen Himmeln herabfallen. Wenn er mir Grobheiten gesagt und mich zur Türe hinausgeworfen hätte, wäre es mir fast lieber gewesen. Ich bereute fast, nach Weimar gegangen zu sein.

1. Oktober 1826

Endlich kam der verhängnisvolle Tag mit seiner Mittagsstunde, und ich ging zu Goethe ...

Als ich im Zimmer vorschritt, kam mir Goethe entgegen und war so liebenswürdig und warm, als er neulich steif und kalt gewesen war. Das Innerste meines Wesens begann sich zu bewegen. Als es aber zu Tisch ging und der Mann, der mir die Verkörperung der deutschen Poesie, der mir in der Entfernung und dem unermeßlichen Abstande beinahe zu einer mythischen Person geworden war, meine Hand ergriff, um mich ins Speisezimmer zu führen, da kam einmal wieder der Knabe zum Vorschein, und ich brach in Tränen aus ...

Beim Abschied forderte mich Goethe auf, des nächsten Vormittags zu kommen, um mich zeichnen zu lassen. Er hatte nämlich die Gewohnheit, alle jene von seinen Besuchern, die ihn interessierten, von einem eigens dazu bestellten Zeichner in schwarzer Kreide porträtieren zu lassen. Diese Bildnisse wurden in einen Rahmen, der zu diesem Zwecke im Besuchszimmer hing, eingefügt und allwöchentlich der Reihe nach gewechselt. Mir wurde auch diese Ehre zuteil ...

2. Oktober 1826

Als ich mich des andern Vormittags einstellte, war der Maler noch nicht gekommen. Man wies mich daher zu Goethe, der in seinem Hausgärtchen auf und nieder ging. Nun wurde mir die Ursache seiner steifen Körperhaltung gegenüber von Fremden klar. Das Alter war nicht spurlos an ihm vorübergegangen. Wie er so im Gärtchen hinschritt, bemerkte man wohl ein gedrücktes Vorneigen des Oberleibs mit Kopf und Nacken. Das wollte er nun vor Fremden verbergen, und daher jenes gezwungene Emporrichten, das eine unangenehme Wirkung machte. Sein Anblick in dieser natürlichen Stellung, mit einem langen Hausrock bekleidet, ein kleines Schirmkäppchen auf den weißen Haaren, hatte etwas unendlich Rührendes. Er sah halb wie ein König aus und halb wie ein Vater . . .

Aus Franz Grillparzers Selbstbiographie.

Jenny von Pappenheim,
nachmalige Baronin von Gustedt   11. November 1826

Im November 1826 kam ich nach Weimar zurück. Schüchtern, mit hochklopfendem Herzen erschien ich vor Goethe, der mich und meine Mutter im Aldobrandinizimmer mit großer Freundlichkeit empfing. Ich sehe ihn noch vor mir: nicht allzu groß und doch größer erscheinend, als andere, mit jener Jupiterstirn, die ich am vollendetsten in der von Bettina gezeichneten Statue wiederfinde, die unser [Weimarer] Museum schmückt, während seine Augen durch Stieler am besten wiedergegeben sind. Auch mich sehe ich noch im rosa Kleid und grünem Spenzer unter einem großen, runden Hut, heiß errötend bei seinem kräftigen Händedruck. Ich brachte keinen Ton über die Lippen, obgleich er mich, wie er es gern bei jungen Mädchen tat, mit »Frauenzimmerchen« und »mein schönes Kind« ermutigte; erst als er lächelnd sagte: »Die Augen werden viel Unheil anrichten«, ermannte ich mich zu der verwunderten Frage: »Warum denn gerade Unheil?«
. . .
Aus den »Erinnerungen der Baronin Jenny v. Gustedt.«

Franz Kugler   Mai 1827

Der Meister erscheint: Devrient als Lear, der König von Thule. Eine hohe, edle Gestalt, nicht gebückt, im braunen Überrock, den Kragen ein wenig phantastisch geschnitten und niederhängend.

Das Gesicht ist edel, nicht so verfallen, als Du glaubtest, die Farbe dunkel, braunrot, die Nase groß, aber nicht lang, über der gewaltigen jovischen Stirn heben sich weiße Haare, um den Mund spielt ein eignes Lächeln ... Er lädt Dich ein, neben ihm auf dem Sofa Platz zu nehmen, spricht mit Dir über dies und das, wie Du sonst schon bei Visiten auf der Reise gewohnt bist; nur bricht er überall schnell ab mit einem fast ängstlichen: »So so, na schön, und von hier gehen Sie u.s.w.« Du zeigst ihm die Skizze von Zelters Profil; er spricht darüber ein paar allgemeine Worte, freut sich, Dich kennen gelernt zu haben, über welches ganz gewöhnliche Kompliment Du alle Kontenance verlierst und Dich schnell empfiehlst. Daß Dein Besuch kurz, die Unterredung von gleichgültigen Gegenständen war, wird Dich nicht weiter befremden; Du wirst aber die gewaltige, königliche Erscheinung nicht so leicht aus Sinn und Gedanken zu bannen vermögen.

Brief Franz Kuglers an Droysen aus Heidelberg vom 5. Mai 1827. Manuskript Goethe-Museum Düsseldorf, Anton- und Katharina-Kippenberg-Stiftung.

Gustav Friedrich Konstantin Parthey   30. August 1827

Ich besitze seine beiden Büsten von Trippel und von Rauch, aber soviel Verdienst man auch einer jeden zuerkennen muß, so bleiben doch beide weit hinter der Wirklichkeit zurück. Die Formen sind wohl richtig und geistvoll aufgefaßt, aber den reichen, lebendigen, übermächtigen Geist selbst vermögen sie nicht wiederzugeben. An die gewölbte, mäßig gefurchte Stirn, die durch das zurückgekämmte Haar in ihrer ganzen Höhe erschien, schloß sich eine gebogene, durch das Alter etwas schwer gewordene Nase im richtigsten Verhältnisse an. Die großen braunen Augen, von einem hellen Altersringe eingefaßt, konnten unbeschreiblich sanfte Blicke und dann wieder Feuerfunken werfen. Der ganz zahnlose Mund war das einzige, an dem die 78 Jahre ihr Recht geltend machten; er war beim Sprechen und noch mehr beim

Lachen unschön ... Seine stolze, edle Haltung war von der Last der Jahre ungebeugt, der Rücken kerzengerade, wie bei einem jungen Manne. Beim Auf- und Abgehn pflegte er die Hände auf den Rücken zu legen, geradeso wie ihn Rauch in der kleinen Statuette dargestellt.

Aus Parthey: Ein verfehlter und ein gelungener Besuch bei Goethe 1819 u. 1827.

Apollonius von Maltitz   1828

Seine Stimme vernahm ich erst, als ich, abermals zehn Jahre später, seine Schwelle überschritten und nach einer kurzen, gedankenvollen Erwartung in seinem Empfangssaale ihn auf mich zugehen, vor mir stehen sah. Sein Haupt war ungebeugt, sein Gang fest. Die achtundsiebzig Jahre hingen leicht wie Lorbeeren in den dichten, grauen Locken. Seine Stimme, obwohl zum ersten Male von mir vernommen, überraschte mich gar nicht: sie hatte mich schon aus »Tasso« und Iphigenie« angeredet ... Man hat Goethes Antlitz mit dem des pythischen Apollo verglichen, nur fehlt diesem das wundersam Schöpferische des Goetheschen Hauptes.

Aus A. v. Maltitz: Fünf Minuten bei Goethe.

Rojealine   12. Mai 1829

Er ist sehr würdevoll, und man bemerkt gleich, daß er außerordentlich reizbar sein muß. Sein Blick ist unerträglich und sogar unanständig, vielleicht daher, weil seine dunklen Augen von sonderbaren hellgrauen Ringen umgeben sind und wie Vogelaugen erscheinen.

Brief von Rojealine an Eudoxia Jelagin vom 23. Mai 1829. Original russisch.

Otto Magnus Freiherr von Stackelberg   9./12. August 1829

Goethes Gesicht ist, den festen ernsten Charakterzug abge-
rechnet, nicht mehr schön zu nennen; die Nase ist sehr stark geworden, denn die Haut hat sich hügelig erhoben, die Augen stehen schräg, denn die äußeren Augenwinkel haben sich stark gesenkt, auch die Augensterne sind kleiner geworden, weil sich
durch eine starartige Verbildung ein weißer Rand umhergegos-
sen hat. Er geht mit den Füßen schurrend auf dem Boden, aber
dennoch über die Treppen herunter, ohne sich anzustützen oder
den Arm eines Begleiters zu brauchen.

*Brief von O. M. Frhr. v. Stackelberg an A. Kästner vom 15. Novem-
ber 1829.*

Adam Mickiewicz, Anton Eduard Odyniec u.a.   19. August 1829

. . . Wir warteten, halblaut sprechend, beinahe eine Viertelstun-
de. Adam fragte, ob mir das Herz poche. In der Tat war das eine
Erwartung, wie die irgendeiner übernatürlichen Erscheinung.
Er selber erinnerte daran, wie er vordem die Frau Szymanowska
darum beneidet hatte, daß sie Goethe gesehen und mit ihm gesprochen. Da hörten wir oben Schritte. Adam zitierte mit Nach-
druck den Vers aus Zgierskis Kiszka: »Man hört ein Gehen und
ein hohes Schreiten« – und kaum, daß wir uns zu diesem im Augenblicke passendsten Zitate erkühnten, öffnete sich die Türe,
und herein trat – Jupiter! Mir wurde heiß. Und ohne Übertrei-
bung, es ist etwas Jupiterhaftes in ihm. Der Wuchs hoch, die Gestalt kolossal, das Antlitz würdig, imponierend, und die Stirne! –
gerade dort ist die Jupiterhaftigkeit. Ohne Diadem strahlt sie von
Majestät. Das Haar, noch wenig weiß, ist nur über der Stirne
etwas grauer. Die Augenbrauen klar, lebhaft, zeichnen sich noch
durch eine Eigentümlichkeit aus, nämlich durch eine lichtgraue,
wie emaillierte Linie, welche die Iris beider Augen am äußeren
Rande rings umfaßt. Adam verglich sie dem Saturnusringe. Wir

sahen bisher bei niemand etwas Ähnliches. Er trug einen dunkel-
braunen, von oben bis herab zugeknöpften Überrock. Auf dem
Halse ein weißes Tuch, das durch eine goldene Nadel kreuzweise
zusammengehalten wurde, kein Kragen. Wie ein Sonnenstrahl
aus Gewölke verklärte ein wunderbar liebliches, wohlwollendes
Lächeln die Strenge dieser Physiognomie, als er schon beim Ein-
tritte uns mit Verbeugung und Händedruck begrüßte und dazu
sprach: »Pardon, Messieurs, que je vous ai fait attendre. Il m'est
très agréable de voir les amis de Mme. Szymanowska qui m'hono-
re aussi de son amitié.«

*Aus: Zwei Polen in Weimar (1829). Aus polnischen Briefen übersetzt
und eingeleitet von F. Th. Bratranek.*

David d'Angers   23. August bis (Anfang) September 1829

Il ne fait jamais de geste; sa physionomie annonce seule avec
expression ce qui se passe dans son âme. Sa lèvre inférieure, qui
avance légèrement, prend un caractère singulier que vient com-
pléter un certain clignotement des yeux lorsqu'on parle devant
lui d'un homme qui s'est trompé en quelque chose. Goethe paraît
avoir le sentiment de sa supériorité. Il a l'air de quelqu'un qui a
tout prévu, et, le dirai-je, il semble bien aise de l'échec d'autrui ...
Lorsqu'il éprouve une émotion vive, il se retire dans son cabinet
ou va voir ses antiques. Cela le refraîchit, dit-il, et il reparaît le vi-
sage calme ...

Aus Jouin: David d'Angers.

Andreas Eduard Kozmian   2. Oktober 1829

Nachdem wir etwas gewartet hatten, öffnete sich die Tür des
Nebenzimmers; der Diener an der Tür rief mit lauter Stimme:
»Herr von Goethe!« und es zeigte sich in der Tür die hohe, edle,

ehrfurchtgebietende Gestalt des Dichters. Alle erhoben sich, während er langsamen Schrittes zu uns herankam. Der Eindruck, den ich erfuhr, war ein mächtiger und mir bis dahin unbekannter; einen ähnlichen habe ich nur noch einmal später gehabt, als ich das Meer erblickte.

Als wir ihm vorgestellt wurden, bewillkommnete er uns freundlich, aber mit der ihm eigenen Würde eines Herrschers. Die Deutschen haben die Schönheit seiner Jugend sowie die seines Alters bewundert, und gerühmt, daß er in seiner Vollkraft der Apollo von Belvedere, im Alter der olympische Zeus gewesen sei. In der Tat: es war der schönste Greis, den ich in meinem Leben zu sehen Gelegenheit hatte, schon sowohl wegen seiner majestätischen Gestalt, als durch sein ausdrucksvolles Gesicht. Wundersame Geisteskraft leuchtete aus seinen Zügen, zumal aus den Augen und von der Stirn. Die drei Falten, die seine Stirne durchfurchten und sich bis zu den Augen hinzogen, waren der deutlichste Ausdruck des Genius; aus ihnen schienen die Funken seines Geistes zu sprühen.

Deutsch von Kurtzmann. – Original polnisch.

Johann Ludwig Franz Deinhardstein   31. August 1830

Das erste Zimmer fand ich mit Blumen geschmückt und mit schöner Majolika; im zweiten, an Bildern, Gipsabgüssen von Statuen und schönen Stickereien reichen, trat er mir entgegen. Er war in einen einfach braunen Oberrock gekleidet und hatte das Halstuch lose umgeworfen, ohne Hemdkragen, geradeso wie er von Stieler gemalt ist ... Goethe hat alles Ehrwürdige des Greisenalters und noch bedeutende Reste von der Kraft früherer Jahre. Seine Haltung ist vollkommen gerade, sein Blick voll Feuer und Leben. Ein besonders gutmütiges Wohlwollen, fern von jeder Affektation, herrscht in seinem Benehmen vor. Beim Fortgehen ersuchte er mich, abends nach fünf Uhr wieder zu ihm zu kommen ...

Um fünf Uhr ging ich zu Goethe . . . Ich werde diesen Abend nie vergessen . . . Die gewählte Toilette hatte Goethen noch besser aussehen gemacht, als vormittag. Er war ganz schwarz gekleidet und trug den Stern des Großkreuzes, eines der vielen Orden, die ihm die anerkennende Huld der Mäzene seiner Zeit verliehen, an der Brust. Er sah in Haltung und Benehmen einem Manne weit ähnlicher, als einem Greise. Sein Kopf ist ganz der eines Jupiters; die Stirne gewölbt und edel, das Auge voll Glanz und Kraft und eine unnachahmliche Hoheit um den Mund. Alles an ihm ist Ordnung und Ebenmaß.

Aus Deinhardstein: Skizzen von Wien über Prag usw. in Briefen an einen Freund. Wien 1831.

William Makepeace Thackeray   20. Oktober 1830

Of course I remember very well the perturbation of spirit with which, as a lad of nineteen, I received the long expected intimation that the Herr Geheimrat would see me on such a morning. This notable audience took place in a little antechambre of his private apartments, covered all round with antique casts and bas-reliefs. He was habited in a long grey or drab redingot, with a white neckcloth and a red ribbon in his buttonhole. He kept his hands behind his back, just as in Rauch's statuette. His complexion was very bright, clear, and rosy. His eyes extraordinarily dark, piercing, and brilliant. I felt quite afraid before them, and recollected comparing them to the eyes of the hero of a certain romance called *Melmoth the Wanderer,* which used to alarm us boys thirty years ago; eyes of an individual who had made a bargain with a Certain Person, and at an extreme old age retained the eyes in all their awful splendour. I fancied Goethe must have been still more handsome as an old man than even in the days of his youth. His voice was very rich and sweet . . .

Brief W. M. Thackerays an Lewes vom 28. April 1853.

Christoph Wilhelm Hufeland   (Ohne Jahreszahl)

... Als Knabe und Jüngling schon sah ich ihn im Jahre 1776 in
Weimar erscheinen in voller Kraft und Blüte der Jugend und des
anfangenden Mannesalters. Nie werde ich den Eindruck vergessen, den er als Orestes im griechischen Kostüm in der Darstellung
seiner »Iphigenie« machte; man glaubte einen Apollo zu sehen.
Noch nie erblickte man eine solche Vereinigung physischer und
geistiger Vollkommenheit und Schönheit in einem Manne, als damals an Goethe ... Es ist mir nie ein Mensch vorgekommen, welcher zu gleicher Zeit körperlich und geistig in so hohem Grade
vom Himmel begabt gewesen wäre, und auf diese Weise in der
Tat das Bild des vollkommensten Menschen darstellte.

Aus der Nachschrift von C. W. Hufeland zu Vogel: »Die letzte Krankheit Goethes.« Berlin 1833.

Friedrich Wilhelm Riemer   (Ohne Jahreszahl)

Überhaupt war das Wohlgefallen an sich, seiner Person und
seinem Besitz, wenn es ja für Eitelkeit gelten sollte, von so männlicher Art, daß es sich ganz von der gewöhnlichen anderer
entfernte. Da er überaus reinlich war, und immer sauber, wenn
auch gerade nicht sehr nach der Mode gekleidet ging, fiel eine
solche unschuldige Verzierung, wie ein rotes Bändchen oder ein
einfacher Stern, keineswegs auf; ja, man hätte sie eher vermißt
oder gewünscht, wenn sie ihm nicht zuteil geworden.

In ganz früher Zeit mochte er wohl auf ein gesticktes oder galoniertes Staatskleid etwas halten; nach Einführung einer bestimmten Hofuniform findet sich dergleichen nicht mehr in seiner Garderobe, und nur die gewöhnlichen Fracks und Überröcke.
Eine ähnliche Vereinfachung erfuhr seine Haartracht, die vom
ursprünglichen Cadogan[1] und Haarbeutel durch die Epochen des

1 Cadogan ou Catogan, noeud qui retrousse et attache les cheveux près de la tête.
Dictionnaire universelle par Boiste. Paris 1823. (Anmerkung Riemers.)

langen und kurzen Zopfs, bei steifen oder schwebenden Seitenlocken, sich bis zum Schwedenkopf reduzierte. Sein Stirnhaar
hatte übrigens von Natur einen ähnlichen Ansatz wie bei den Ju-
pitersköpfen, so daß es, in der Mitte der hohen Stirn aufsteigend
und sich scheitelnd, zu beiden Seiten wellenförmig herabfiel ...

Aus Riemers Mitteilungen über Goethe.

Friedrich Wilhelm Riemer   (Ohne Jahreszahl)

Meine unbedeutende Wenigkeit trat doch auch ein erstes Mal
in sein Haus, ward doch auch ein erstes Mal ihm vorgestellt; aber
ich wüßte nicht, daß mich bei seinem imposanten Anblick eine
solche Furcht oder nur Befangenheit angewandelt hätte. Im Gegenteil ward mir auf einmal erst recht wohl zumute; ich fühlte
mich innigst erfreut und befriedigt, einen Mann, den ich mir auf
Anlaß seiner Schriften, Werther, Stella, Iphigenie, Tasso, ganz
sentimental gedacht hatte, vielmehr so natürlich und realistisch
wie einen anderen Lebemann, so gutmütig und Vertrauen erwek-
kend, wie man sich nur einen Pfarrer oder geistlichen Herrn denken mag, und doch dabei eine solche Weltklugheit und Men-
schenkenntnis ahnden lassend, wie mir in meiner Erfahrung bisher noch kein Mann vorgekommen war, als eine und dieselbe
Persönlichkeit mir gegenüber zu sehen, und so Begriff und
Anschauen eines wahren und völligen Menschen zu gewinnen.
   In einem einfachen blauen Überrock, das kräftig ausdrucksvol-
le Gesicht von Luft und Sonne zeugend, umwallt von schwarzen
Seitenlocken, das Hinterhaar in einen Zopf gebunden, schien er
auf den ersten Anblick – einem wohlhabenden, behaglichen
Pachter, oder einem vielversuchten Stabsoffizier in Zivilklei-
dung eher zu gleichen, als einem sentimentalen und umbratilen
Dichter, mit offenem Hemdkragen und lose um den Hals ge-
schlungenem Seidentuch, wie etwa Schiller in den Porträten jener Zeit zu sehen war. –
   Änderte sich nun auch in der Folge, durch den Wechsel der Mo-

de und im Laufe der Jahre, sowohl Haartracht als Kleiderschnitt, zumal nach der französischen Invasion – das Geist- und Gemütvolle in seiner äußern Erscheinung blieb dennoch unverändert, ja gewann sogar bei größerer Annäherung und Gleichstellung mit der übrigen gesellschaftlichen Modewelt.

Woher also die gorgonenartige Abschilderung von Goethes Kälte, Steifheit und abstoßendem Wesen ihren Ursprung genommen habe, weiß ich nicht, wenn es nicht eben jene unnötige Furcht und ungebührliche, von ihm weder verlangte noch gebilligte Devotion solcher desapointierter Fremden war, die ihnen ein dergleichen Schreckphantom vorspiegelte, welches sie dann der leichtgläubigen Menge als ein gefährliches Abenteuer abzuschildern bemüht waren.

Aus Riemers Mitteilungen über Goethe.

Karl Alexander,
Großherzog von Sachsen-Weimar   (Ohne Jahreszahl)

»Er war aber auch dazu angetan, um in der Erinnerung aller derer zu bleiben, die ihn gesehen haben!« so diktierte Großherzog Karl Alexander im August 1899 auf der Wartburg seinem Kabinettssekretär Dr. Freiherrn von Egloffstein . . . »Etwas über Mittelgröße, schien er größer als er war, weil er sich sehr gerade hielt. Seine Bewegungen waren gemessen, seine Haltung sehr vornehm, aber nicht steif, die Züge bis ins hohe Alter sehr edel, der Mund sehr schön geschnitten, die Augen merkwürdig groß, die Pupillen braun. Sie schienen Blitze zu strahlen, wenn er sprach; nie habe ich bei einem menschlichen Wesen solche Augen wieder gesehen. Sein Organ war sehr angenehm. So sehe ich ihn noch, so glaube ich ihn noch zu hören, im schwarzen Frack, den Stern des Falkenordens auf der Brust, was ihm sehr gut stand.«

Mitgeteilt von Wilhelm Bode in den »Stunden mit Goethe«. 1907.

Karl Vogel   20. März 1832

Erst den andern Morgen um halb 9 Uhr wurde ich herbeigeholt.
Ein jammervoller Anblick erwartete mich! Fürchterlichste Angst
und Unruhe trieben den seit lange nur in gemessenster Haltung
sich zu bewegen gewohnten, hochbejahrten Greis mit jagender
Hast bald ins Bett, wo er durch jeden Augenblick veränderte Lage Linderung zu erlangen vergeblich suchte, bald auf den neben
dem Bette stehenden Lehnstuhl. Die Zähne klapperten ihm vor
Frost. Der Schmerz, welcher sich mehr und mehr auf der Brust
festsetzte, preßte dem Gefolterten bald Stöhnen, bald lautes Ge-
schrei aus. Die Gesichtszüge waren verzerrt, das Antlitz asch-
grau, die Augen tief in ihre lividen Höhlen gesunken, matt, trübe;
der Blick drückte die gräßlichste Todesangst aus.

Aus Vogel: Die letzte Krankheit Goethes. Berlin 1833.

Johann Peter Eckermann   23. März 1832

Am andern Morgen nach Goethes Tode ergriff mich eine tiefe
Sehnsucht, seine irdische Hülle noch einmal zu sehen . . . Auf dem
Rücken ausgestreckt, ruhte er wie ein Schlafender; tiefer Friede
und Festigkeit waltete auf den Zügen seines erhaben-edlen Gesichts. Die mächtige Stirn schien noch Gedanken zu hegen . . . Der
Körper lag nackend in ein weißes Bettuch gehüllt . . . Friedrich
(der Diener) schlug das Tuch auseinander, und ich erstaunte
über die göttliche Pracht dieser Glieder. Die Brust überaus mächtig, breit und gewölbt; Arm und Schenkel voll und sanft musku-
lös; die Füße zierlich und von der reinsten Form, und nirgends
am ganzen Körper eine Spur von Fettigkeit oder Abmagerung
und Verfall. Ein vollkommener Mensch lag in großer Schönheit
vor mir, und das Entzücken, das ich darüber empfand, ließ mich
auf Augenblicke vergessen, daß der unsterbliche Geist eine solche Hülle verlassen. Ich legte meine Hand auf sein Herz – es war

überall eine tiefe Stille – und ich wendete mich abwärts, um meinen verhaltenen Tränen freien Lauf zu lassen.

Aus Eckermanns Gesprächen mit Goethe.

DIE ENTSTEHUNG
DER WIEDERGEGEBENEN BILDNISSE
UND IHRE BEURTEILUNG
DURCH DIE ZEITGENOSSEN

1. Anonym
Um 1763. Getuschter Schattenriß
Höhe: 9,5 cm

Der Verfertiger dieser Silhouette, von der es mehrere Exemplare
gibt, ist uns ebenso unbekannt wie das genaue Datum ihrer
Entstehung. Die bisherige Datierung »um 1770« ist zu spät: Das
Profil Goethes ist noch von so kindlich-weicher Kontur, daß es
allenfalls einen Vierzehnjährigen darstellt.
Düsseldorf, Goethe-Museum Anton-und-Katharina-Kippenberg-
Stiftung

2. UNBEKANNTER MEISTER
Um 1765. Ölgemälde auf Leinwand
45 cm auf 38 cm

Man wird in diesem Porträt, das wohl kurz vor der Reise nach Leipzig entstand und Charitas Meixner, der Jugendfreundin Goethes, gehörte, jenen Goethe erkennen, der, wie er selber von sich erzählt, unter den Altersgenossen »über eine gewisse Würde berufen« war. Bettina von Arnim bekundet ja auch, Frau Aja habe ihr erzählt, Goethe sei als Knabe sehr gravitätisch einhergeschritten und habe sich durch eine gerade Haltung vor den anderen Jungen ausgezeichnet. Der Bericht des »Kindes« wird durch das Bildnis ergänzt und bestätigt.
Frankfurt Main, Freies Deutsches Hochstift Frankfurter Goethe-Museum

3. Johann Daniel Bager
Um 1773. Ölgemälde
17 cm auf 16 cm

Lavater dichtete zu dem Bilde folgende Verse:
»Goethe! Dich malt und beschreibt kein Geist, der kleiner, als Du, ist.
Immer etwas von Dir hascht jeder auf, und er wähnt dann,
Dich ergriffen zu haben – und hat den Schatten von Dir kaum!
Jeder Kleinere malt viel kleinlicher Lippen und Aug Dir –
Macht Dich geschmeidiger, sanfter und feiner – lämmlicher, zärter –

Glaubt, Dir weislich zu schonen, indem er die Kraft Dir des Wol-
fes
Und des Löwen Grimm und Stolz raubt, die Dich bezeichnen . . .
Oh, die Künstler vergessen, wie viele Naturen in Dich nur
Mischte die Mutter Natur – Sie jubelte, da sie Dich hinstellt'«.
29. VIII. 1793.   L.
Wien, Österreichische Nationalbibliothek, Bildarchiv und Por-
trätsammlung

4. ANONYM
1774. Getuschter Schattenriß
Höhe: 9,4 cm

Der von unbekannter Hand verfertigte Schattenriß ist in mehre-
ren Exemplaren nachgewiesen. Goethe sandte ihn am 31. August
1774 mit folgenden charakterisierenden Versen an Charlotte
Kestner, geb. Buff:
Wenn einen sel'gen Biedermann,
Pastor oder Ratsherrn lobesan
Die Wittib läßt in Kupfer stechen
Und drunter ein Verslein radebrechen,
Da heißt's: Seht hier von Kopf und Ohren
Den Herrn hochwürdig, wohlgeboren,
Seht seine Augen und seine Stirn.
Aber sein verständig Gehirn,

So manch Verdienst ums gemeine Wesen
Könnt ihr ihm nicht an der Nase lesen.

So, liebe Lotte, heißt's auch hier:
Ich schicke da meinen Schatten dir.
Magst wohl die lange Nase sehn,
Der Stirne Drang, der Lippe Flehn,
s'ist ohngefähr das garstge Gesicht –
Aber meine Liebe siehst du nicht.

Düsseldorf, Goethe-Museum Anton-und-Katharina-Kippenberg-
Stiftung

5. ANONYM
1774. Gestochener Schattenriß
Oval: 12,3 cm auf 8,5 cm

Diesen Schattenriß bildete Lavater im ersten Bande der ersten
Ausgabe seiner ›Physiognomischen Fragmente‹ auf S. 223 ab und
schrieb dazu: »Die nachstehende Silhouette ist nicht vollkommen, aber dennoch bis auf den etwas verschnittenen Mund, der
getreue Umriß von einem der größten und reichsten Genies, die
ich in meinem Leben gesehen.«
Das Original des Schattenrisses aus Lavaters Sammlung befindet
sich in Weimar, Nationale Forschungs- und Gedenkstätten der
klassischen deutschen Literatur in Weimar.
Düsseldorf, Goethe-Museum Anton-und-Katharina-Kippenberg-
Stiftung (Bibliothek)

6. Georg Friedrich Schmoll
1774. Radierung
Durchmesser des Runds: 9,4 cm

Im Juni 1774 besuchten Lavater und Schmoll in Frankfurt Goethe.
Am 25. Juni vermerkte Lavater in seinem Tagebuch: Schmoll
»zeichnete Goethe«, und gelegentlich der abermaligen Begegnung in Bad Ems mußte Schmoll am 16. Juli Goethe nochmals
zeichnen. Insgesamt gibt es fünf Profildarstellungen Goethes von
Schmoll von dieser Reise. Sie lassen erkennen, wie der Zeichner
bemüht war, Goethe immer charakteristischer zu treffen. Die
abgebildete Proberadierung kommt der für Lavater angefertigten Aquarellminiatur am nächsten, ja übertrifft sie gerade durch
die Skizzenhaftigkeit.
Düsseldorf, Goethe-Museum Anton-und-Katharina-Kippenberg-
Stiftung

7. Georg Friedrich Schmoll
1774. Aquarellminiatur
7,5 cm auf 6,7 cm

Die Miniatur stammt aus Lavaters Besitz. Schmolls wiederholte Versuche, Goethe darzustellen, lassen vermuten, daß er seinen Auftraggeber Lavater nicht zufriedenstellen konnte. Zu diesem Porträt schrieb Lavater – allerdings erst am 25. Juni 1789 – folgende Hexameter:
»Carricatur des Gesichts das Seinesgleichen umsonst sucht. In dem Übergang von der Stirn zur Nase nicht Wahrheit. Auch zu knabenhaft das Kinn und die Kinnlad – des Auges Blitz fehlt; dennoch zeigt das fehlerreiche Profil – viel.«
Offen bleibt, der späten Datierung dieses Mängelverzeichnisses wegen, ob Lavater das Bild schon 1775 so beurteilt hatte, oder ob sein Urteil durch Goethes späteres Aussehen beeinflußt worden war.
Wien, Österreichische Nationalbibliothek, Bildarchiv und Porträtsammlung

8. Georg Friedrich Schmoll
1775. Bleistiftzeichnung
Oval: 12,5 cm auf 10,5 cm

Gegenüber Schmolls vorangegangenen Goethe-Darstellungen zeigt diese »G.F. Schmoll del.« signierte Zeichnung markantere Gesichtszüge und einen solchen Rockkragen, wie er auf dem 1775/76 entstandenen Gemälde von Kraus zu sehen ist (Nr. 10). Es darf deshalb angenommen werden, daß diese Zeichnung 1775 entstanden ist, als Goethe während seiner ersten Schweizer Reise vom 9. bis 15. Juni bei Lavater in Zürich wohnte. Ernst W. Mick hat sie 1975 im Kurpfälzischen Museum in Heidelberg entdeckt. Auf sie geht eine ganze Reihe von Kupferstichdarstellungen zurück, zuletzt die von Goethes Pflegesohn Peter im Baumgarten aus dem Jahre 1790.
Heidelberg, Kurpfälzisches Museum

9. Johann Peter Melchior
1775. Erstes Relief in Gips
Oval: 20,8 cm auf 16,8 cm

Auf der Rückseite des um die Jahreswende 1774/75 entstandenen Reliefs vermerkte Melchior: »Der Verfasser der Leiden des jungen Werthers durch seinen Freund Melchior 1775.« Goethe seinerseits hat die Freundschaft nie erwähnt, so daß man annehmen darf, Melchior habe auf diese Weise seine Verbindung mit dem aufsehenerregenden Dichter des Werthers dokumentieren wollen. Ohne den Künstler zu nennen, schrieb Goethe am 23. 12. 1774 dem Schriftsteller Boie: »Sie sollen auch einen ganz neu gefertigten Medaillon von meiner Nase haben, der ganz wohl geraten ist.« Damit spielte Goethe (wie schon zu Nr. 4) auf eines der Merkmale seiner Physiognomie an.
Düsseldorf, Goethe-Museum Anton-und-Katharina-Kippenberg-Stiftung

10. Georg Melchior Kraus
1775–1776. Studie in Ölfarbe
46,5 cm auf 38,5 cm

Diese gewiß nach dem Leben gearbeitete Studie wirkt unmittelbarer als das ausgeführte Gemälde. Bertuch hatte über jenes Bildnis an Chodowiecki geschrieben: »Es ist nur ein einziges historisches Porträt von Goethe, das ganz er ist. Die Herzogin-Mutter besitzt es. Herr Kraus aus Frankfurt hat es gemalt . . .«

Goethe selber muß es als charakteristisch empfunden haben, denn er ließ von Schule einen Stich danach anfertigen, der die im Jahre 1825 erschienene Jubiläums-Ausgabe von Werthers Leiden schmücken sollte. Er habe die Idee gehabt – äußerte er am 16. Oktober 1824 zum Kanzler von Müller –, sich nach einem alten Bilde von Kraus gravieren zu lassen, damit die Leute doch sähen, wie ein Verfasser solchen tollen Zeugs ungefähr beantlitzt gewesen. Er zeigte sich jedoch »höchst unzufrieden mit dem Bilde vor der neuen Ausgabe des Werther«, kam infolgedessen von dem Plane ab, und die Jubiläums-Ausgabe erschien, geziert mit dem Jagemannschen Porträt 1817 und der Medaille von Bovy (1824).

Weimar, Nationale Forschungs- und Gedenkstätten der klassischen deutschen Literatur in Weimar, Goethe-Nationalmuseum

von G. M. Kraus gezeichnet. Zu Weimar. 1776.

D. I. W. Göthe.

11. Georg Melchior Kraus
1776. Zeichnung in Blei und Kreide
18,2 cm auf 11,5 cm

Diese Zeichnung, die als Vorlage für den Stich in Nicolais »Allgemeine Deutsche Bibliothek« gedient hatte, war in Zelters Besitz gelangt, der aus Berlin am 23. Oktober 1820 an Goethe schreibt: ». . . Das wohlgefälligste Bild von Dir ist eine Originalzeichnung in schwarzer Kreide von G. M. Kraus vom Jahr 1776, worin ich Dich ganz erkenne, wiewohl es Dir jetzt nicht mehr gleicht; wo alles: Stirn, Auge, Nase, Mund, Kinn und Haar aus einem Zentro kömmt, als dem Wohnsitz von dem, was in Dir ist und von Dir ausgeht. – Diese Zeichnung habe ich dem Erben des alten Nicolai abgeschwatzt, er selber würde sie mir niemals gegeben haben. Sie hängt vor mir, indem ich dies schreibe, unter meinem Sebastian Bach; ich schreibe ihre Züge ab, und mir ist eben, als wenn wir miteinander jung gewesen wären.«
Weimar, Nationale Forschungs- und Gedenkstätten der klassischen deutschen Literatur in Weimar, Goethe-Nationalmuseum

12. Martin Gottlieb Klauer
1778/79. Büste in Kalkstein
Höhe: 67 cm

Die aus sogenanntem »thüringischen Marmor« (Dolomitkalk) gefertigte Büste war die erste, die der Weimarer Hofbildhauer von Goethe bildete. Auf sie beziehen sich Goethes Tagebucheintragungen vom 18. 9. 1778: »Lies meine Büste von Clauern versuchen«, und vom 13. 3. 1779: »Glauers Arb[eit]. Gut.«
Weimar, Nationale Forschungs- und Gedenkstätten der klassischen deutschen Literatur in Weimar, Schloß Tiefurt

13. Georg Oswald May
1779. Ölgemälde auf Leinwand
Oval: 57 cm auf 47 cm

Im Frühjahr und Sommer 1779 hielt sich May in Weimar auf, um einige Mitglieder der Hofgesellschaft zu malen. Es entstanden zwei Brustbilder von Goethe: eins in Pastell, fast nach vorn, und eins in Öl im Profil. Das Pastellbild, das einst Frau von Stein gehörte und noch im Besitz von deren Urenkelin in Glogau war, ließ sich nicht mehr aufspüren. Das Ölbild, das im Auftrag der Gemahlin des Herzogs Karl Eugen von Württemberg, Elisabeth Friderica Sophia, gemalt wurde, gelangte 1841 in den Besitz des Freiherrn von Cotta. In jüngerer Zeit erwarb es die Yale University Art Gallery für die William A. Speck Collection.

Am 18. Juli 1779 heißt es in Goethes Tagebuch: »Versprach Mayen mich für die Herzogin von Württemb[erg] mahlen zu lassen«. Goethe saß dem Maler am 26. und 31. Juli. Wieland schrieb darüber am 1. August 1779 an Merck: »Mit Göthen hab' ich vergangene Woche einen gar guten Tag gehabt. Er und ich haben uns entschließen müssen dem Rath May zu sitzen, der uns ex voto der Herzogin von Würtemberg für Ihre Durchlaucht mahlen soll. Göthe saß Vor- und Nachmittags, und bat mich, weil Serenissimus absens war, ihm bei dieser leidigen Session Gesellschaft zu leisten und zur Unterhaltung der Geister den Oberon vorzulesen. Zum Glück mußte sich's treffen, daß der faßt immer wüthige Mensch diesen Tag gerade in seiner besten receptivsten Laune und so amusable war, wie ein Mädchen von sechzehn.«

Yale University Art Gallery, William A. Speck Collection New Haven, Connecticut

14. Jens Juel
1779. Kopie des Orginals: Kreidezeichnung
Oval: 14,8 cm auf 11,3 cm

Das Original, signiert: »Juel del. 1779«, das sich einst unter den Papieren des Kanzlers von Müller befand, muß als verschollen gelten. Aus Lavaters Sammlung stammt diese, offenbar von Schmoll gezeichnete Kopie. Lavater beurteilte sie:
»Kraft der Stirne fehlt und Harmonie vor dem Ganzen –
Dennoch, wer kann das Genie im gefehlten Bilde verkennen?«
Von Juels Bildnis beeinflußt erscheint die Radierung in Lavaters »Physiognomischen Fragmenten« III, p. 224, und auf jene wohl mag sich beziehen, was Goethe aus Weimar, den 5. Juni 1780, an Lavater schrieb: »Das Kupfer nach Juels Bild ist sehr fatal. Nicht eben an der Phisiognomie, aber mir kommts vor, als wenn ein Geist hätte wollen eines guten Freundes Gestalt anziehen, und hätte damit nicht zurecht kommen können, und guckte einen aus bekannten Augen mit einem fremden Blick an, so daß man zwischen Bekanntschaft und Fremdheit in eine unangenehme Bewegung hin und wider gezogen wird.«
Wien, Österreichische Nationalbibliothek, Bildarchiv und Porträtsammlung

15. JOHANN HEINRICH LIPS
1779. Zeichnung in Kreide und Tusche
25 cm auf 21,5 cm

Lavater dichtete auf dieses Bildnis:
»Genialischer Kopf – Du kündigst Dich jeglichem Aug an!
Voll Verstand ist die Stirn, das Aug voll leuchtenden Feuers!
Groß nicht – aber fein, voll zarten Sinnes die Nase;
Voll Verachtungskraft und zerschmetternder Stärke die Lippe –
Sinnlich üppig das Kinn; des Kopfes Grenze zu flächlich.«
Wien, Österreichische Nationalbibliothek, Bildarchiv und Por-
trätsammlung

16. Johann Heinrich Lips
1779. Tuschzeichnung
12,5 cm auf 9,5 cm

Diese Zeichnung entspricht der vorangegangenen. Als Darstel-
lung in strengem Profil geht sie wohl auf einen besonderen
Wunsch Lavaters zurück, für den Lips – ähnlich wie Schmoll –
wiederholt arbeitete.
Frankfurt Main, Freies Deutsches Hochstift Frankfurter Goethe-
Museum

17. ANONYM
Um 1780. Geschnittener Schattenriß
Lichte Höhe des Ovals: 8,4 cm

Schattenriß aus der Silhouettensammlung von Friedrich Nicolai, deren sämtliche Stücke in vorgefertigte gestochene Rahmen mit freier Fläche für den Namen des Dargestellten eingefügt sind. Düsseldorf, Goethe-Museum Anton-und-Katharina-Kippenberg-Stiftung

18. Martin Gottlieb Klauer
1780 Büste in Gips, schwarzgrün lasierter Ölfarbeanstrich
Höhe: 61,5 cm

Die Büste stammt aus dem Besitz der Frau von Stein. Die als Toga
ausgeführte Drapierung um Schulter und Brust wie auch der im
Ton patinierter Bronze gehaltene Ölfarbeanstrich machen die
Orientierung an der Antike deutlich. Die Büste ist ein Musterbei-
spiel für den Beginn der Weimarer Klassik, deren Vorstellung
von der Antike durch die Begriffe »Naturnähe« und »Einfachheit«
geprägt war. Dieser Auffassung entsprach kein anderer Bild-
hauer so wie Klauer, dessen Bedeutung in der Naturtreue des
Ausdrucks seiner Büsten liegt. Von dieser Büste fertigte Klauer
mehrere Fassungen, die sich durch verschiedene Kopfhaltung
unterscheiden.
Düsseldorf, Goethe-Museum Anton-und-Katharina-Kippenberg-
Stiftung

Mr. de Goethe, Conseiller privé de S. A. Sme le Duc de Saxe Weimar et Eisenach

19. ANONYM
Um 1780. Geschnittener Schattenriß
Höhe: 19 cm

Ganze Figur mit einem Buch in der Hand.
Der oder die Verfertiger dieses und der vorangegangenen wie folgenden Schattenrisse sind unbekannt und werden es auch bleiben. »Jedermann war darin geübt«, erzählt Goethe in der »Campagne in Frankreich«, »und kein Fremder zog vorüber, den man nicht abends an die Wand geschrieben hätte; die Storchschnäbel durften nicht rasten«... (Damit meint Goethe, daß man nach Einbruch der Dunkelheit den durch eine künstliche Lichtquelle an die Wand geworfenen Schatten eines Gastes umrissen und ihn dann mit Hilfe eines Gerätes zur Wiedergabe in verkleinertem Maßstabe abgezeichnet hätte.)
Düsseldorf, Goethe-Museum Anton-und-Katharina-Kippenberg-Stiftung

20. ANONYM
Um 1783. Gestochener Schattenriß
Höhe: 21,4 cm

Goethe und Fritz von Stein

Lavater bildete den Schattenriß als Kupferstich in seinem »Essai sur la Physiognomie« (II. partie, La Haye, 1783) ab und schrieb dazu:

»Nous voyons ici un homme mûr à côté d'un jeune garçon de grande espérance. Quoique dans les silhouettes de tout le corps l'effet de la lumière nuise toujours à la netteté et á l'exactitude du profil, on accordera pourtant sans hésiter à la figure principale le caractère de la sagesse, et au jeune homme de grandes dispositions; abstraction faite, si l'on veut, des attitudes, qui ne sont pas entièrement sans signification. L'une et l'autre physionomie sont pleines d'âme, de vivacité et de résolution. La silhouette de l'homme fait, est bien inférieure à l'objet qu'elle représente; cependant il n'est pas possible d'y méconnaître un caractère d'originalité et de grandeur. Ce caractère est sensible dans le contour et la position du front, ainsi que dans le contour du nez affaiblit en quelque sorte cette expression de grandeur; ce trait n'est pas naturel.«

Das Original befindet sich in Weimar, Nationale Forschungs- und Gedenkstätten der klassischen deutschen Literatur in Weimar, Goethe-Nationalmuseum.

Düsseldorf, Goethe-Museum Anton-und-Katharina-Kippenberg-Stiftung, Bibliothek

21. ANONYM
Um 1783-1785. Geschnittener Schattenriß
Höhe: 20,4 cm

Ganze Figur, gleichsam Gegenstück zu Nr. 19.
Auffallend ist das auf allen ganzfigurigen Silhouetten wiederkeh-
rende Hohlkreuz Goethes.
Düsseldorf, Goethe-Museum Anton-und-Katharina-Kippenberg-
Stiftung.

22. ANONYM
Um 1783-1785. Geschnittener Schattenriß
Höhe: 20,4 cm

Ganze Figur mit unter die untergeschlagenen Arme geklemm-
tem Hut und mit Degen.
Düsseldorf, Goethe-Museum Anton-und-Katharina-Kippenberg-
Stiftung

23. Joseph Friedrich August Darbes
1785. Ölgemälde auf Leinwand
61,5 cm auf 47 cm

Der zu Hamburg geborene Porträtmaler Darbes, von dessen
Bildnissen Nicolai schrieb: »Die Wahrheit geht bis zum Täu-
schen«, traf im Jahre 1785 mit Goethe in Karlsbad zusammen. Damals muß dieses Porträt entstanden sein, obschon auf dessen
Rückseite zu lesen steht: »Goethe im Jahre 1787 in Karlsbad von
Darbes.« Anno 1787 aber weilte Goethe in Italien, und wir hören
nicht, daß er Darbes dort begegnet sei.
Weimar, Nationale Forschungs- und Gedenkstätten der klassischen deutschen Literatur in Weimar, Goethe-Nationalmuseum

24. Johann Heinrich Wilhelm Tischbein
1786/87. Aquarell und Kreide über Bleistift
41,5 cm auf 26,6 cm

Goethe am Fenster der Wohnung Tischbeins, Rom, Corso 20 (18).
Als Goethe am 29. Oktober 1786 in Rom eintraf, fand er bei Tischbein Unterkunft. Die bekannte Datierung des Bildes »1787«
stammt nicht von authentischer Hand. Das Bild kann auch schon
1786 entstanden sein. Es kommt der ganze Zeitraum zwischen
Goethes Ankunft in Rom und Tischbeins Übersiedlung nach Neapel Anfang Juli 1787 in Frage. So seltsam dieses »Rückenporträt«
erscheint, ist es doch charakteristisch für den Goethe dieser Zeit,
der sich für das auf der Straße spielende römische Volksleben
interessiert.
Frankfurt Main, Freies Deutsches Hochstift Frankfurter Goethe-
Museum

25. Johann Heinrich Wilhelm Tischbein
1786/87. Federzeichnung
31 cm auf 21 cm

Der lesende Goethe in der Wohnung am Corso.
Zur Datierung gilt dasselbe wie für Nr. 24. Die flüchtige Gelegen-
heitsskizze zeigt Goethe in gelockerter Haltung, womit ein we-
sentliches Merkmal seines Aufenthaltes in Italien dokumentiert
ist.
Weimar, Nationale Forschungs- und Gedenkstätten der klassischen deutschen Literatur in Weimar, Goethe-Nationalmuseum

26. JOHANN HEINRICH WILHELM TISCHBEIN
1786/87. Aquarell über Feder und Bleistift
21 cm auf 24 cm

Goethe rettet ein Pferd.
Die näheren Umstände der Situation sind nicht bekannt. Interessant ist auf dieser realistischen Skizze Goethes Kleidung im Vergleich mit Tischbeins berühmtem Porträt »Goethe in der Campagna«: Goethe trägt einen Reisehut mit verhältnismäßig schmaler Krempe, die erst auf dem großen Porträt erheblich verbreitert dargestellt wurde, um den Kopf hervorzuheben. Goethe ist in einen hellen Mantel eingehüllt, der die Anregung zu der späteren wallenden Drapierung gab.
Düsseldorf, Goethe-Museum Anton-und-Katharina-Kippenberg-Stiftung

27. Johann Heinrich Wilhelm Tischbein
1786–1788. Ölgemälde auf Leinwand
164 cm auf 206 cm

In der »Italienischen Reise« beschreibt Goethe ziemlich ausführlich das Entstehen dieses Porträts. Er sagt darüber am 29. Dezember 1786: ». . . In diesem Künstlerwesen lebt man wie in einem Spiegelzimmer, wo man auch wider Willen sich selbst und andere oft wiederholt sieht. Ich bemerkte wohl, daß Tischbein mich öfters aufmerksam betrachtete, und nun zeigt sich's, daß er mein Porträt zu malen gedenkt. Sein Entwurf ist fertig, er hat die Leinwand schon aufgespannt. Ich soll in Lebensgröße als Reisender, in einen weißen Mantel gehüllt, in freier Luft, auf einem umgestürzten Obelisken sitzend, vorgestellt werden, die tief im Hintergrunde liegenden Ruinen der Campagna di Roma überschauend. Es gibt ein schönes Bild, nur zu groß für unsere nordischen

Wohnungen. Ich werde wohl wieder dort unterkriechen, das Porträt aber wird keinen Platz finden.« Und am 27. Juni 1787 heißt es
weiter: »... Tischbein ist sehr brav ... Mein Porträt wird glücklich, es gleicht sehr, und der Gedanke gefällt jedermann; ... «
Schon am 9. Dezember 1786 hatte Tischbein an Lavater geschrieben: »Goethe ist ein *wirklicher Mann*, wie ich in meinen aus-
schweifenden Gedanken ihn zu sehen mir wünschte. Ich habe
sein Porträt angefangen, und werde es in Lebensgröße machen,
wie er auf den Ruinen sitzet und über das Schicksal der menschlichen Werke nachdenket. – Unter allen Versprechungen, die ich
Ihnen getan, und nicht vollbracht habe, soll dieses aber gewiß geschehen, daß ich Ihnen sein Porträt bestimmt gezeichnet schicke.
Sein Gesicht will ich recht genau und wahr nachzeichnen. Denn
man kann wohl keinen glücklichern und ausdrucksvolleren Kopf
sehen.«
Frankfurt Main, Städelsches Kunstinstitut

28. Friedrich Bury
1787/88. Federzeichnung
16,3 cm auf 21 cm

Goethe im Kreise der mit ihm in Rom befreundeten Künstler (3. Person von rechts).

Die Darstellung des leidenschaftlich bewegten Goethe ist ein beredtes Zeugnis für das intensive Antike-Studium, das Goethe zeichnend und diskutierend mit den Freunden trieb. An Herzog Carl August schrieb Goethe am 25.1.1788 eine lange Rechenschaft, in der es u.a. heißt: ... »ein junger Hanauer, Nahmens Bury, der mit mir zusammen wohnt und ein gar resolutes gutes Wesen ist hat mir nicht wenig geholfen.«

In der ›Italienischen Reise‹ berichtet Goethe unter dem Datum des 15. November 1786: »Darüber spricht man, ob der Gegenstand hätte günstiger aufgenommen werden sollen, ob der Charakter getroffen ist, und was solche erste allgemeine Fordernisse sind, wovon man sich schon bei dem ersten Entwurf Rechenschaft geben kann.«

Düsseldorf, Goethe-Museum Anton-und-Katharina-Kippenberg-Stiftung

29. ANGELIKA KAUFFMANN
1787-1788. Ölgemälde auf Leinwand
62,5 cm auf 51,5 cm

Goethe berichtet am 27. Juni 1787 aus Rom: »... Angelika malt mich auch, daraus wird aber nichts; es verdrießt sie sehr, daß es nicht gleichen und werden will. Es ist immer ein hübscher Bursche, aber keine Spur von mir.«
Weimar, Nationale Forschungs- und Gedenkstätten der klassischen deutschen Literatur in Weimar, Goethes Wohnhaus

30. ALEXANDER TRIPPEL
1787. Marmorbüste
Höhe: 82 cm

Am 23. August 1787 berichtet Goethe: »... Es wird meine Büste gemacht, und das hat mir drei Morgen dieser Woche gekostet ...« Am 28. August 1787 schreibt er: »... Hab' ich dir schon gesagt, daß Trippel meine Büste arbeitet? Der Fürst von Waldeck hat sie bei ihm bestellt. Er ist schon meist fertig, und es macht ein gutes Ganze. Sie ist in einem sehr soliden Stil gearbeitet. Wenn das Modell fertig ist, wird er eine Gipsform darüber machen und dann gleich den Marmor anfangen, welchen er dann zuletzt nach dem Leben auszuarbeiten wünscht; denn was sich in dieser Materie tun läßt, kann man in keiner andern erreichen«, und am 12. September 1787 endlich heißt es: »... Meine Büste ist sehr gut geraten; jedermann ist damit zufrieden. Gewiß ist sie in einem schönen und edlen Stil gearbeitet, und ich habe nichts dagegen, daß die Idee, als hätte ich so ausgesehen, in der Welt bleibt. Sie wird nun gleich in Marmor angefangen und zuletzt auch in den Marmor nach der Natur gearbeitet.«

Als die Herzogin Anna Amalie 1788 in Rom weilte, ließ sie durch Trippel die vom Fürsten von Waldeck bestellte Büste in Marmor wiederholen: nur hat beim Exemplar zu Arolsen die Spange auf der rechten Schulter die Form einer antiken Maske, während diese bei der Weimarer Statue durch eine Agraffe ersetzt wurde.

Der Künstler selber äußert sich in einem Schreiben, das er am 18. November 1788 aus Rom an seinen Auftraggeber, den Prinzen Christian von Waldeck richtete, folgendermaßen über die Büste: »Sie ist ganz in dem Anticken still, die Haare sind lang und hangen gantz locker herunder, und machen von fornnen die Form eines Apollo Kopff; er hat einen Mantel um, der ist auf der rechten Schulter zusammen geknüpft. Der Knopff dafon stelt eine Tragische Muse vor. Mit Gleichheit wahr der Herr G: R: von Göeden sehr damit zufrieden, wie alle, die sie gesehen haben, und was das gantze [betrifft] da habe ich meinen Möglichsten Fleiß dabey angewandt ...«

Trippels Werk wurde Anno 1825 von Friedrich Tieck einer Bearbeitung unterzogen, die darauf ausging, die Erscheinung schlanker, weniger kolossal wirken zu lassen, und ein Exemplar dieser Büste, das Tieck an Goethe gesandt hatte, war bei Goethes Jubelfeier am 7. November 1825 im Stadthaus zu Weimar aufgestellt. In »Goethes goldner Jubeltag« (Weimar 1826, S. 30) heißt es: »Aus der um einige Stufen hinter der Mittagstafel erhöhten herrschaftlichen Loge schaute des Gefeierten jugendlich schöne Büste von Tieck, von einem mit Blumen umschmückten Postamente, an welchem ein frischer Lorbeerkranz hing, freundlich auf die Feiernden herab.«

Arolsen, Fürstliches Residenzschloß

31. ALEXANDER TRIPPEL
1788. Gesichtsmaske in Gips
Höhe ohne Sockel: 26,8 cm

Es handelt sich um Donndorfs Abguß für Rietschel von der 1788
für Weimar angefertigten Marmorwiederholung der unter Nr. 30
genannten Büste.
Düsseldorf, Goethe-Museum Anton-und-Katharina-Kippenberg-
Stiftung

32. Johann Friedrich Anthing
1789. Getuschter Schattenriß in
aquarellierter Staffage
Höhe: 4,5 cm

Das Blatt befindet sich in dem berühmten Stammbuch Anthings,
und Goethe schrieb dazu:
»Es mag ganz artig seyn wenn Gleich' und Gleiche
In Proserpinens Park spazieren gehn,
Doch besser scheint es mir im Schattenreiche
Herrn Antings sich hieroben wiedersehn.
Weimar d. 7. Sept. 1789.   de Goethe.«
(Neben diesen Versen ein Porträtkupferstich, der Anthing selber
darstellt.)
Düsseldorf, Goethe-Museum Anton-und-Katharina-Kippenberg-
Stiftung

33. Martin Gottlieb Klauer
Um 1790. Terracottabüste
Höhe: 50 cm

Daß Klauer von der Schöpfung Trippels zu dieser Büste inspiriert wurde, erhellt auf den ersten Blick; aber sein Wille zur Wirklichkeit überwog alle klassizistischen Neigungen, und zum ersten Male sehen wir darum auch in einem Kunstwerk die Asymmetrie von Goethes Antlitz deutlich betont: die rechte Hälfte des Gesichtes erscheint schmäler als die linke, die rechte Seite des Stirnbeines etwas eingedrückt, und das linke Auge ist höher als das rechte.

Düsseldorf, Goethe-Museum Anton-und-Katharina-Kippenberg-Stiftung

34. JOHANN HEINRICH LIPS
1791. Kreidezeichnung
Durchmesser des Runds: 25 cm

Zu diesem Bildnis saß Goethe am 13., 14. und 16. Januar 1791. Die
Ähnlichkeit der Zeichnung war bei den Zeitgenossen umstritten.
Aber der Goethe am 6. Februar 1791 zum ersten Mal begegnete
Zeichner Carl Gotthard Graß berichtete von seinem Besuch: »Das
Gesicht Goethes ist voll Feuer und doch Weichheit [. . .] Sein Au-
ge ist rund und frei, braun, ein dunkler Spiegel der desto reiner
und heller auffaßt [. . .] Lips hat ihn, wie noch niemand vor ihm,
gezeichnet und sticht jetzt sein Bild.«
Frankfurt Main, Freies Deutsches Hochstift Frankfurter Goethe-
Museum

35. Johann Heinrich Meyer
Zwischen 1792 und 1795. Aquarell
114 cm auf 80,5 cm

Bei Eckermann findet sich folgende Aufzeichnung: »Weimar, Montag den 22. März 1824. . . . Goethe führte mich darauf in das Innere des [Garten-]Hauses, das ich vorigen Sommer zu sehen versäumt hatte. Unten fand ich nur *ein* wohnbares Zimmer, an dessen Wänden einige Karten und Kupferstiche hingen; desgleichen ein farbiges Porträt Goethes in Lebensgröße, und zwar von Meyer gemalt bald nach der Zurückkunft beider Freunde aus Italien. Goethe erscheint hier im kräftigen mittleren Mannesalter, sehr braun und etwas stark. Der Ausdruck des wenig belebten Gesichts ist sehr ernst; man glaubt einen Mann zu sehen, dem die Last künftiger Taten auf der Seele liegt . . . «
Daß Goethe damals zur Korpulenz neigte, erhellt auch aus einem Schreiben Goethes an Kestner vom 16. Juli 1798, worin es heißt: »Wenn wir uns wieder sähen, so hoffte ich, Ihr solltet mich dem Innern nach wohl wieder erkennen, was das Äußere betrifft, so sagen die Leute, ich sei nach und nach dick geworden . . . «
Weimar, Nationale Forschungs- und Gedenkstätten der klassischen deutschen Literatur in Weimar

36. Friedrich Bury
1800. Kreidezeichnung
69,5 cm auf 53,4 cm

Bury begann das Bild am 22. Februar 1800. Im März desselben
Jahres schrieb Caroline Herder an Knebel: »Wir waren vor acht
Tagen in einer Morgenstunde bei Goethe mit der Herzogin-Mutter, um sein Bild, durch Bury gezeichnet, zu sehen. Es übertrifft
alles, was Bury seitdem gemacht hat. Ein einziges, bewundern-
volles Bild. Etwas über Lebensgröße, ein volles, großes Brustbild,
idealisiert und doch ganz ähnlich. Ein Admiral und erster Konsul
kann so aussehen. Jetzt zeichnet er ihn sitzend, mit den Attributen der Bühne. Bury meint, das wird noch höher.«
Weimar, Nationale Forschungs- und Gedenkstätten der klassischen deutschen Literatur in Weimar, Goethes Wohnhaus

37. Friedrich Bury
1800. Kreidezeichnung
120 cm auf 99 cm

Goethe mit den Attributen der Bühne. Es handelt sich um die unter Nr. 36 bereits von Caroline Herder angekündigte Darstellung. Am 26. April 1800 schrieb Charlotte von Stein an ihren Sohn Fritz über Goethe: »Er dauert mich; denn er sieht nicht glücklich aus. Er hat auch einen besondern Zufall schon seit dem vorigen September; es ist ihm eine Empfindung, als wenn er immer in Spinnweben mit seinem Gesicht hineinführe.«
Weimar, Nationale Forschungs- und Gedenkstätten der klassischen deutschen Literatur in Weimar, Goethe-Nationalmuseum

38. Friedrich Tieck
1801. Büste in Gips
Höhe: 69,5 cm

Goethe sagt in den »Tag- und Jahresheften« auf das Jahr 1801:
»Meiner Büste, durch Tieck mit großer Sorgfalt gefertigt, darf ich
einschaltend an dieser Stelle wohl gedenken.«
Christiane rühmte in einem Briefe vom 25. November 1805 die
Büste als »die beste, welche wir bis jetzt vom Geheimrat besitzen«, und August Wilhelm Schlegel, der ihr auch eine längere Be-
sprechung in der »Zeitschrift für die elegante Welt« (13. Februar
1802) widmete, fühlte sich von ihr zu dem Distichon angeregt:
»Sieh hier Goethes geweihetes Haupt: gleich mächtig umfaßt es,
Neben Geschäften des Staats, Kunst, Poesie und Natur.«
Manche mochten die Büste für »geschmeichelt« halten; das
erhellt aus einem Berichte des Grafen Wolf Baudissin vom 31. Mai
des Jahres 1809, worin es heißt: »Die Tiecksche Büste von Goethe . . . ist keineswegs idealisiert, sondern Goethe jetzt eher noch
schöner, indem sein Gesicht schmaler geworden ist, und die göttlichen – nicht schwarzen, wie ich vorhin schrieb, sondern braunen – Augen nicht einmal der Pinsel darstellen kann.«
Friedrich August Wolf hingegen fand die »neueste Büste«, die er
von Weimar kommen ließ, »total verunglückt«.
Düsseldorf, Goethe-Museum Anton-und-Katharina-Kippenberg-
Stiftung

39. Ferdinand Jagemann
1806. Ölgemälde
58 cm auf 49 cm

Bereits gegen Ende Dezember 1804 hatte der Herzog Carl August an Goethe geschrieben: »Da Du nunmehr Deine Dachs-Monate angetreten hast, so kannst Du auch ruhig Deinen Kopf hinhalten und bitte Dich ergebenst, selbigen an Jagemann darzureichen, der schon alle Instrumente zur Operation bereit hält. Nur eine große Praxis in der Kopfabnehmer-Kunst kann aus ihm die Wirkungen seines Talents heraustreiben.«
Zur Ausführung eines Bildnisses Goethes durch Jagemann ist es jedoch erst 1806 gekommen.
Weimar, Nationale Forschungs- und Gedenkstätten der klassischen deutschen Literatur in Weimar, Zentralbibliothek der deutschen Klassik

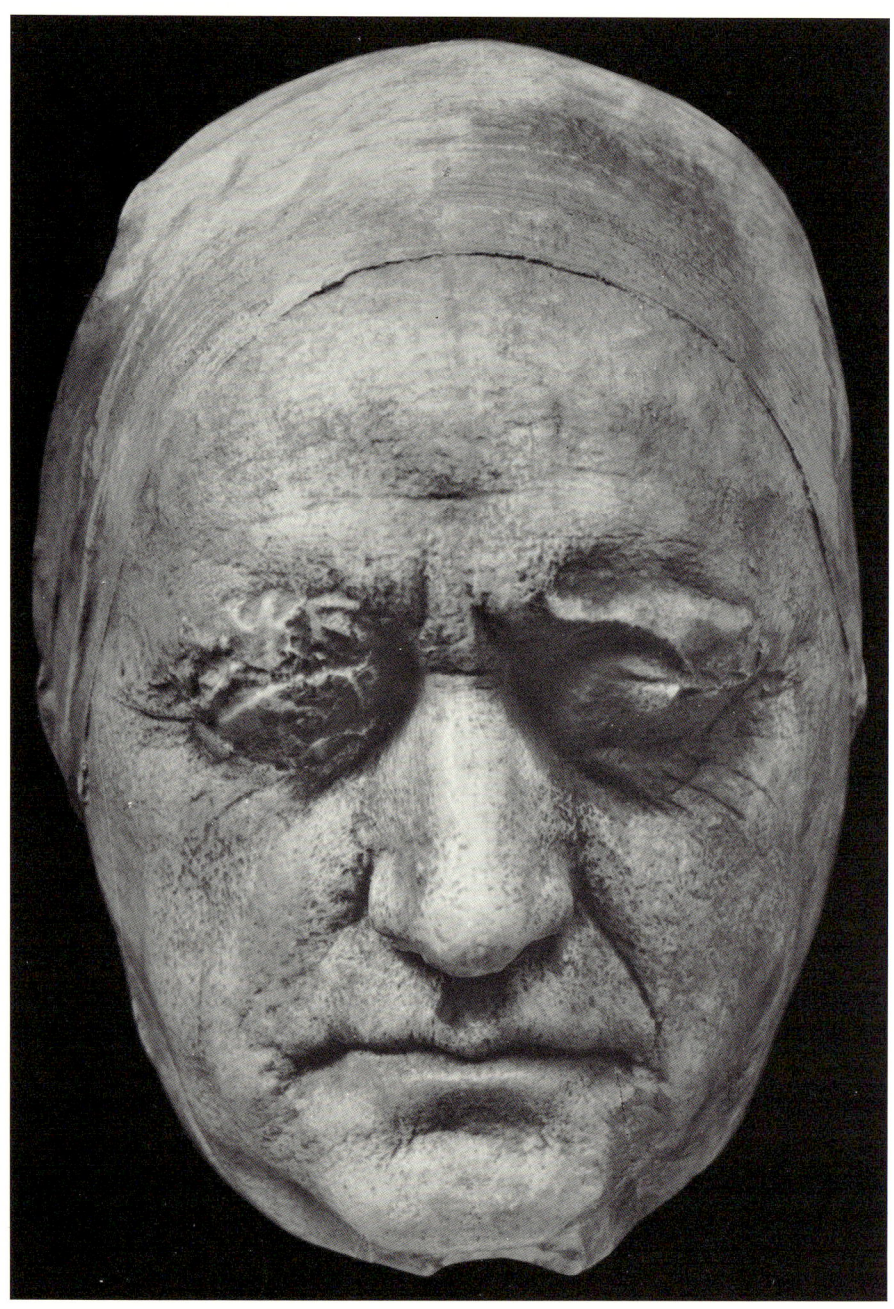

40.-41. KARL GOTTLOB WEISSER
1807. Lebendmaske in Gips
Höhe: 24,5 cm
1808. Büste in Gips
Höhe: 55 cm

Als im Jahre 1819 beschlossen wurde, Goethe in Frankfurt ein Denkmal zu errichten, dachte man zunächst daran, das Monument durch Dannecker ausführen zu lassen. Aber dieser hatte Goethe nie von Angesicht zu Angesicht geschaut. Darum empfahl Goethe in einem Schreiben an Sulpiz Boisserée vom 27. Februar 1820, Dannecker möge die Weißersche Büste als Vorlage benutzen. In dem Schreiben heißt es:

» . . . Es sind wohl sechs und mehr Jahre, daß ich Gall zuliebe, der bei uns einsprach, meine Maske abformen ließ, sie ist wohl geraten; Weiser [Weißer] hat sie nachher aufgesetzt und die Augen geöffnet, sollte es nicht hinlänglich sein, wenn ich beides hinsendete? Wie müßte man tun, wenn sich das Original in die ewigen Wohnungen entfernt hätte. Die Formen sind hier ganz genau, Geist, Leben und Liebe muß ja ohnedem der Künstler hineinstiften.« Die Gesichtsmaske nahm Weißer am 19. Oktober 1807 für den Phrenologen Gall ab, der schon am 23. September aus Basel an Bertuch nach Weimar geschrieben hatte: »Wenn Goethe da ist, so beschwören Sie ihn doch, daß er mir seinen prächtigen, herrlichen Kopf abdrücken läßt. Alle Welt lacht mich aus, daß ich ihn nicht habe; ich will recht sanft mit ihm umgehen.«

Goethe willfahrte dem Wunsch des berühmten Gelehrten, den dieser bald darauf mündlich wiederholte, aber wohl nicht allzu gern. »Glaubt mir, guter Kräuter!« – äußerte er zu seinem langjährigen Sekretär – »es ist keine Kleinigkeit, sich solchen nassen Dreck ins Gesicht schmieren zu lassen!«

Überraschend wirkt bei diesem genauen, über Goethes Gesicht genommenen Gipsabguß das stellenweise ziemlich starke Hervortreten von Narben, die daran erinnern, daß Goethe im Knabenalter von den Pocken befallen worden war.

Paul Möbius hat an der Weißerschen Gesichtsmaske die genauen Maße von Goethes Antlitz festgestellt.

»Die Höhe des Gesichts (vom unteren Rande des Kinnes bis zur Biegung des Stirnbeines) ist etwa 20 cm, die größte Breite des Gesichts 13 cm, die der Stirn 12 cm, der Abstand der Augenmitten 6 cm, die Länge der Nase 5,7 cm, die Breite des Mundes 6,5 cm. Es besteht eine starke Skoliose des Gesichtes mit der Konkavität nach rechts. Der linke Nasenflügel und der linke Mundwinkel einerseits stehen tiefer, das rechte Auge andererseits: Abstand zwischen äußerem Augenwinkel und Mundwinkel links 8 cm, rechts 7,3 cm. Ursache der Skoliose ist offenbar die wesentlich stärkere Entwickelung der linken Hälfte des Vorderkopfes: die Wölbung der linken Stirnhälfte ist stärker als die der rechten. Von den nur mäßig starken Stirnhöhlenbuckeln ist der linke größer. Das Charakteristische der Stirn ist die starke Entwickelung ihres mittleren oberen Teiles und die Breite der Stirn in der Höhe des Schläfenmuskelansatzes. Dagegen ist die untere Stirn schmal (etwa 11 cm), wie schon der geringe Augenabstand zeigt. Die Stirnecken fehlen ganz. Von Hautfurchen der Stirn ist wenig zu sehen, nur rechts über dem inneren Augenwinkel ist ein tiefer Einschnitt. Die Nasenlippenfurchen sind tief, die Winkel des festgeschlossenen Mundes sind gesenkt. Die Oberlippe ist mittellang (2 cm) und hat ein auffallend breites Philtrum. Das Kinn ist ziemlich lang (4 cm), breit und kräftig, ein wenig vorstehend, in der Mitte geteilt. Die linke Hälfte ist stärker als die rechte. Der Unterkieferwinkel scheint wenig ausgesprochen gewesen zu sein.«

Der Büste wurde, nach Goethes Worten, die Maske »aufgesetzt«.
Düsseldorf, Goethe-Museum Anton-und-Katharina-Kippenberg-Stiftung

42. Gerhard von Kügelgen
Dezember 1808. Wachsrelief
Kopfhöhe: 7,8 cm

Stephan Schütze erzählt: »Einer eigenen Szene wohnte ich (den 18. Dezember 1808) in der Gesellschaft [bei Johanna Schopenhauer] mit bei, wie Kügelgen Goethen modellierte und, um keine Langeweile auf seinem Gesichte zu sehen, einen Streit mit ihm über die griechische Malerei eröffnete. Daran tat er aber sehr übel. Goethe konnte nicht einmal einen einzelnen Widerspruch gern ertragen, und Disputieren ist ein fortwährendes Widersprechen. Es kreuzten sich daher so viele verdrießliche und zornige Züge durch das Gesicht, daß es ganz den Charakter einer ruhigen Übereinstimmung verlor und wohl nur noch wenig zum Modellieren dienen konnte.«

In derselben Zeit schrieb Kügelgen seiner Frau: »Viel Zeit geht mir verloren. – Um die Zwischenzeit [während des Trocknens der Malschichten seines ersten Goethe-Porträts] und die Abende zu nutzen, kam ich auf die Idee, Goethe und Wieland zu modellieren, halb erhaben in Wachs auf Schiefertafeln in Medaillongröße. Nun sehe ich zu spät, daß dies mir mehr Zeit wegnimmt, als ich wollte, und kann auf halbem Wege nicht mehr umkehren.«

Düsseldorf, Goethe-Museum Anton-und-Katharina-Kippenberg-Stiftung

43. GERHARD VON KÜGELGEN
1808. Ölgemälde auf Leinwand
73 cm auf 63,5 cm

Kügelgen kam im Dezember 1808 nach Weimar, nachdem ihm
schon am 14. Februar 1807 sein Freund Ludwig Fernow von dort
über andere Porträts des Künstlers berichtet hatte: ... »Goethe ist

ganz vorzüglich befriedigt und zufrieden [. . .] Vorzüglich gefällt ihm die Individualität des Kolorits in jedem Kopfe, sowie die Bestimmtheit der Formen [. . .] Er meint, daß man in jetziger Zeit wohl keinen Porträtmaler finden möchte, der imstande wäre, bessere Porträts wie diese zu liefern.« – Dagegen berichtet Johann Stephan Schütze, daß Kügelgens Bilder »durch ihr lebhaftes (etwas buntes) Kolorit und durch den Ausdruck weit geöffneter strahlender Augen, wodurch er sie zu idealisieren strebte«, zwar »fast allgemein« gefielen, er – Schütze – aber von J. H. Meyer »unter der Hand« erfahren habe, »daß er und Goethe über das Verdienstliche seiner Leistungen, dem Publikum gegenüber, ganz anderer Meinung waren und in den theatralischen Reizen nicht die rechte Kraft des natürlichen Lebens fanden. Sie hielten jedoch mit ihrem Urteil an sich.« – Dem widerspricht, daß Goethe vom 9. Dezember 1808 bis zum 21. Januar 1809 Kügelgen zum Porträtieren saß und über Kügelgens Arbeit in den »Tag- und Jahresheften« 1809 vermerkte: »Kügelgen, der gute, im Umgang allen so werte Künstler, verweilte mehrere Wochen bei uns, er malte Wielands Porträt und meins nach der Person, Herders und Schillers nach der Überlieferung. Mensch und Maler waren eins in ihm, und daher werden jene Bilder immer einen doppelten Wert behalten.« –

Von dem damals entstandenen Goethe-Bildnis mochte sich Kügelgen nicht trennen. Nach seiner Ermordung (1819) nahm es seine Witwe mit nach Rußland und verkaufte es der Universität Dorpat.

Tartu, Wissenschaftliche Bibliothek der Universität Tartu, Estnische SSR

44. GERHARD VON KÜGELGEN
1810. Ölgemälde auf Leinwand
73 cm auf 61 cm

Diese sogenannte »kombinierte Fassung« der Goethe-Porträts
von Kügelgen hat eine seltsame Entstehungsgeschichte: 1810 gedachte Goethe, dem Neffen seines Schwagers, Fritz Schlosser, ein
Geschenk zu machen und saß deshalb Kügelgen – gelegentlich
der Rückreise von Teplitz nach Weimar – am 21. und 24. September in Dresden zu einer zweiten Fassung seines Porträts: Nur der
Kopf sollte neuerlich »nach der Natur« gemalt werden. Aber auch
diese Fassung erhielt Goethe nicht: Wie im ersten Falle des Porträts von 1808 wollte Kügelgen sich nicht von ihr trennen und
später wurde sie ebenfalls von seiner Witwe verkauft. Sie muß als
verschollen gelten.

Indessen erreichte Goethe doch am 25. Dezember 1810 ein Porträt
von Kügelgen: Es war, wie Kügelgen ein Jahr danach durch seine
Schülerin Louise Seidler gestand, die *kombinierte* Fassung des
ersten und zweiten Bildnisses: »Als ich das zweite Bild von Goethe neben dem ersten sah,« erklärte sich Kügelgen, »erschienen
mir die beiden ihm ähnlich, so verschieden sie auch waren. Die
Stimmen waren geteilt, doch entschieden die meisten fürs letzte.
Mein Wille war immer, daß Müller in Stuttgart es in Kupfer stechen sollte und dies verleitete mich, das letzte Bild aufzusparen.
Ich malte daher ein drittes, welches ich aus beiden zusammen-
schmolz, und glaubte so, ein zu einem Denkmal bestimmtes Bild
zu Goethes Ehre und nicht zu meiner Schande verfertigt zu haben, das doch auch wieder ein Original war, indem es dem ersten
und dem zweiten das Medium sein sollte.«

Diese kombinierte Fassung schenkte Goethe seinem Neffen. Von
dessen Erben gelangte sie 1930 nach Frankfurt in das Freie Deutsche Hochstift. Je eine eigenhändige Wiederholung in Pastell auf
Pergament (60 cm auf 47,5 cm) und in Öl auf Leinwand (72 cm auf
62,5 cm) befinden sich im Düsseldorfer Goethe-Museum.

Frankfurt Main, Freies Deutsches Hochstift Frankfurter Goethe-
Museum

45. Friedrich Wilhelm Riemer
Um 1810. Bleistiftzeichnung
16,6 cm auf 11,3 cm

Goethe auf der Straße.
Wenngleich diese Zeichnung von keinem Künstler stammt, so ist
sie doch bei aller Unbeholfenheit eine der wenigen ganzfigurigen Darstellungen aus der späteren Lebenszeit Goethes. Graf Eugen Czernin vermerkte in seinem Tagebuch vom 4. und 5. 8. 1810
über Goethe: »Er ist schon gegen 60 Jahre alt, nicht groß«...; und
Andreas von Merian beschrieb Goethes Erscheinung im selben
Jahre: »Goethe war einfach angezogen, trug Stiefel, runden Hut,
seine Orden. Seine Haare sind schwarz und grau untermischt.«
...»Seine Gestalt ist ansehnlich, gerade, fast zurückliegend; sein
ganzer Anstand männlich, sehr ernst, beinahe trocken.«
Weimar, Nationale Forschungs- und Gedenkstätten der klassischen deutschen Literatur in Weimar, Goethe-Nationalmuseum

46. Anonym
1811. Getuschter und kolorierter Schattenriß
Höhe: 5 cm

Goethe in Hofuniform mit dem 1808 von Napoleon verliehenen Orden der Ehrenlegion.

Der Schattenriß entstand Anfang 1811 in Jena. Am 15. Januar schrieb Goethe an Christiane: »Das beykommende Zeichenbüchlein erbitte ich mir wieder zurück. Es sollte euch nur die Silhouetten überbringen, die der jetzt anwesende Silhouetteur angefertigt hat. Stoßt euch nicht an die weißen Läppchen und barbarischen Uniformen. Das kann nun einmal nicht anders gemacht werden.« Christiane antwortete darauf am 16. Januar: »Zuerst müssen wir Dir melden, wie sehr uns die schöne und ähnliche Silhouette erfreut hat; es gefällt mir besser als alle Gemälde von Dir, weil es so ähnlich ist. Und wenn es möglich ist, so bitten wir noch um zwei Silhouetten von Dir« . . . Das abgebildete Exemplar stammt aus dem Besitz von Th. Kräuter.

Düsseldorf, Goethe-Museum Anton-und-Katharina-Kippenberg-Stiftung

47. Louise Seidler
1811. Pastellgemälde
33 cm auf 25,5 cm

Am 22. Januar 1812 schrieb Knebel an seine Schwester Henriette: »Stelle Dir vor, daß ich auf Goethes Zureden mich von der Mademoiselle Seidler habe malen lassen . . . Das Mädchen hat ein herrlich Talent zum Porträtmalen, und wenn sie soviel zusammenbringt, daß sie noch ein paar Sommer in Dresden studieren kann, wo sie trefflich profitiert hat, so wird sie eine der ersten Porträtmalerinnen, wie Goethe selbst sagt. Sie hat auch diesen ungemein gut gemalt. Dabei hat sie Leichtigkeit und sichern Sinn und ist sehr fleißig.«

Weimar, Nationale Forschungs- und Gedenkstätten der klassischen deutschen Literatur in Weimar, Goethe-Nationalmuseum

Superi dant bona paratis.

dem thätigen Künstler

den 11. May
1811.

Goethe

48. Karl Joseph Raabe
1811. Bleistiftzeichnung
Blatt: 17,4 cm auf 10,3 cm

»Der so geschickte als gefällige Raabe« – heißt es in den »Tag- und Jahresheften« auf das Jahr 1811 – »hielt sich einige Zeit bei uns auf, malte mein Bildnis in Öl auf Kupfer« . . . Bei der Gelegenheit ist auch die auf den 11. Mai 1811 datierte und signierte Profildarstellung entstanden.

Frankfurt Main, Freies Deutsches Hochstift Frankfurter Goethe-Museum

49. Karl Joseph Raabe
1811. Miniatur in Ölfarbe auf Kupfer
10 cm auf 8 cm

Die unter Nr. 48 angeführte Bemerkung in den »Tag- und Jahresheften« auf 1811 betrifft diese Darstellung. Zu ihr gehören noch die gleichfalls zwischen Januar und Mai 1811 entstandenen Miniaturen Christianes und Augusts. Ein zweites Exemplar der Goethe-Miniatur befindet sich im Goethe-Nationalmuseum in Weimar. Düsseldorf, Goethe-Museum Anton-und-Katharina-Kippenberg-Stiftung

50. Karl Joseph Raabe
1814. Ölgemälde auf Eichenholz
21,5 cm auf 16 cm

Zwischen dem 21. November und dem 3. Dezember porträtierte
Raabe abermals Goethe, der das Bild zum Dreikönigstag (6. Januar) den Brüdern Boisserée schenkte mit dem an diese und an
J. B. Bertram gerichteten Gedicht: »Den Drillingsfreunden von
Coelln, gegenwärtig in Heidelberg«. Die Witwe Sulpiz Boisserées
vermachte das Bild 1876 dem Wallraf-Richartz-Museum. Ein
zweites Exemplar auf Leinwand (23,1 cm auf 18,2 cm) befindet
sich im Privatbesitz von Herrn Dr. Jos. Etten, Düsseldorf.
Köln, Wallraf-Richartz-Museum

51. Johann Gottfried Schadow
1816. Medaille in Bronze
Durchmesser: 9,6 cm

Vom 25. Januar bis 10. Februar 1816 weilte Schadow in Weimar, um mit Goethe über das für Rostock vorgesehene Blücher-Denkmal zu beraten und eine Goethe-Büste zu gestalten. Während Goethe für die Büste nur bereit war, die in seinem Besitz gebliebene Form der 1807 von Weißer abgenommenen Maske für einen Abguß zur Verfügung zu stellen (Vgl. Nr. 40) und deshalb Schadows auf diese Weise entstandene Goethe-Büste keine selbständige Bedeutung hat, ist die auf Wunsch Augusts von Goethe zur gleichen Zeit angefertigte Medaille eine unmittelbare Gestaltung.

Das Wachsmodell der Medaille, von der Abgüsse in Bronze, Eisen und Elfenbeinpaste existieren, sandte Goethe 1819 Marianne von

Willemer in eben der Schachtel, in der sie ihm getrocknete Mira-
bellen geschickt hatte, und legte ein Gedicht bei, das mit folgenden, auf Schachtel und Medaille bezogenen Versen endete:

> »Bringet keine süßen Früchte,
> Bringt vielmehr ein ernst Gesichte,
> Das im Weiten und im Fernen
> Nimmer will Entbehrung lernen.«

Die Wachsbossierung übergab später Hermann Grimm dem Goethe-Nationalmuseum in Weimar.

Düsseldorf, Goethe-Museum Anton-und-Katharina-Kippenberg-
Stiftung

52. Ferdinand Jagemann
1817. Kreidezeichnung, weißgehöht
45,5 cm auf 37,3 cm

Dieses Porträt entstand, laut dem Tagebuch Goethes, am 22. August 1817. Johann Christian Ernst Müller stach es in Kupfer und setzte hiervon am 17. Oktober des nämlichen Jahre im Intelligenzblatt Nr. 29 des Stuttgarter Morgenblattes das werte Publikum durch eine Anzeige in Kenntnis, deren erster Teil hier wiedergegeben sei:

»Ein wohlgetroffenes Bild von Goethe, das treu und wahr den großen Dichter darstellt, wie er gegenwärtig ist, wird seinen Verehrern ein erwünschtes Geschenk sein. Unser trefflicher Künstler Jagemann hat eine Zeichnung getreu nach der Natur in diesen Tagen vollendet, die in Absicht auf geistvolle Auffassung der Physiognomie wie der einzelnen Züge, und als treue lebendige Darstellung der Natur, nichts zu wünschen übrig läßt. Diese Zeichnung ist ein Meisterstück, dem die Liebe der Kenner und Freunde der Kunst, auch in den folgenden Jahrhunderten, um so gewisser werden wird, als ihr Gegenstand ein unvergängliches Interesse sichert. – Ich rechne daher mit voller Zuversicht auf den Dank und die Teilnahme der gebildeten Welt, wenn ich eine durch den Grabstichel vervielfältigte Kopie dieser Zeichnung auf Pränumeration ankündige.«

Weimar, Nationale Forschungs- und Gedenkstätten der klassischen deutschen Literatur in Weimar, Goethe-Nationalmuseum

53. Ferdinand Jagemann
1818. Ölgemälde auf Leinwand
142 cm auf 115 cm

Jagemann begann das Gemälde am 10. Juli 1818. Am 19. Juli gewährte ihm Goethe noch vor der Abreise nach Karlsbad eine zweite Sitzung. W. Gerhard vermerkte am 7. Juli 1818 in seinem Tagebuch über Goethes Art, sich zu geben: »Viele, die Goethe persönlich gesprochen haben, finden sich durch eine gewisse feierliche Würde und einen Anstrich von Hofetikette verletzt, den sie stolz nennen, der aber diesen ausgezeichneten Mann sehr gut kleidet, weil das wahrhaft Menschliche auch durch diese Abgemessenheit leuchtet. Ich wenigstens habe nicht das Geringste in seinem Wesen gefunden, was nicht weit mehr zu ihm hingezogen, als von ihm abgestoßen hätte.«
Weimar, Nationale Forschungs- und Gedenkstätten der klassischen deutschen Literatur in Weimar, Dornburg, Rokokoschloß

54. GEORGE DAWE
1819. Ölgemälde
66 cm auf 57,5 cm

Am 15. Juni 1819 schreibt Goethe an den Staatsrat Schultz in Berlin: ».. . So hat mich dieser Tage doch ein englischer Maler, indem er mich abschilderte, sehr angenehm unterhalten. Er war begründeter und unterrichteter, als Künstler zu sein pflegen, praktisch gewandt und auf alles praktisch Brauchbare wie die Katze auf die Maus... Kommt dieser Mann, Dawe genannt, nach Berlin, so gehen Sie ihm freundlich entgegen. Sie werden ihn als Künstler, als Engländer, der freilich um des Gewinstes willen reist, als gebildeten, unterrichteten, eine gewisse eigentümliche Naivität nicht verleugnenden Mann sogleich beurteilen.«
Das Gemälde galt lange als verschollen und war, bevor es im Jahre 1913 auftauchte, nur durch einen Stich von Thomas Wright bekannt. Auf ihn bezieht sich, was Goethe in den »Tag- und Jahresheften« 1821 schrieb: »Nach so trefflichen ins Ganze reichenden Arbeiten darf ich wohl eines einzelnen Blattes gedenken, das sich zunächst auf mich bezieht, doch als Kunstwerk nicht ohne Verdienst bleibt; man verdankt es der Bemühung, welche sich Dawe, ein englischer Maler, bei seinem längeren hiesigen Aufenthalt um mein Porträt gegeben; es ist in seiner Art als gelungen anzusprechen und war es wohl wert, in England sorgfältig gestochen zu werden.«
Weimar, Nationale Forschungs- und Gedenkstätten der klassischen deutschen Literatur in Weimar, Goethe-Nationalmuseum

55. CHRISTIAN DANIEL RAUCH
1820. Büste in Gips
Höhe: 66 cm

Goethe erzählt in den »Tag- und Jahresheften« vom Jahre 1820:
»Herr Staatsrat Schultz brachte mir drei würdige Berliner Künstler nach Jena, wo ich gegen Ende des Sommers in der gewöhnlichen Gartenwohnung mich aufhielt ... Die Herren Tieck und Rauch modellierten meine Büste ... Eine lebhafte, ja leidenschaftliche Kunstunterhaltung ergab sich dabei, und ich durfte diese Tage unter die schönsten des Jahres rechnen.«

Rauch seinerseits berichtet über das folgenreiche Ereignis in seinem Tagebuch also:

Aug. 14. früh reiste ich mit dem Geh. Reg.-Rat Schultz, Schinkel und Tieck über Leipzig, Naumburg nach Jena ab und kamen den 16ten daselbst an. Goethe, welchen ich von der Gesellschaft allein nicht kannte, nahm mich aufs freundlichste auf. Tieck fing das Modell der Büste Goethes an, dann auch ich, auf Goethes Wunsch um den gegenwärtigen Augenblick zu fixieren, indem Tieck eigentlich nur seine frühere Büste korrigierte.

Rauch hatte »die« Büste Goethes geschaffen, ein Werk, in dem die Nation »ihren« Goethe wiederfand, und allgemeine Begeisterung war sein Lohn. Goethe selber ließ auf dem Umschlage zum dritten Band von »Über Kunst und Altertum« folgende von Heinrich Meyer verfaßte Empfehlung der Büste abdrucken:

»Die Ähnlichkeit dieses Bildnisses läßt wohl kaum noch etwas zu wünschen übrig; es genügt aber auch nicht weniger den höheren Kunstforderungen. Nicht nur gelang dem Künstler eine sehr geistreiche, lebhafte Wendung des Hauptes, sondern er wußte auch die Züge des Gesichts zu beseelen und in das Ganze die löblichste Übereinstimmung zu bringen.«

Zelter schreibt am 23. Oktober 1820 aus Berlin an Goethe:
»Dein Brustbild habe ich gestern zum zweiten und heute zum dritten Male betrachtet. Es ist das von Rauch. Da ich auf den ersten Eindruck halte, so mag ich solchen wohl mit spätern Eindrücken vergleichen, und habe mich hübsch befriedigt gefunden ...

In jedem Falle hat unser Künstler gleich zum ersten Male tiefer in Dich hineingeblickt, als seine mir bekannten Vorgänger. Die meisten haben Dir ein Imponierendes zu geben gesucht, wenn ich im Verhältnisse Deines Äußern zum Innern den gebornen Reichsbürger zu finden meinte, im Konflikt mit angebornem Willen dagegen.«

H. J. G. von Quandt, der die letzten November- und die ersten Dezembertage zu Weimar weilte, berichtet:

»Während der kurzen Zeit unseres Aufenthaltes in Weimar hatten wir täglich Gelegenheit, Goethe zu sehen ... Rauch war unlängst dagewesen, um Goethe zu modellieren, und die soeben erst beendete Arbeit stand noch in Goethes Hause auf dem Stativ, um geformt zu werden. Ich sprach den Wunsch aus, das Modell zu sehn und Goethe beschied mich am andern Morgen zu sich. Mit ihm sein eigenes Bild von der Hand eines solchen Künstlers zu betrachten, gehört zu den bedeutendsten Momenten meines Lebens.

Goethe bediente sich des scherzhaften Ausdrucks, daß ihm die Natur einen Nickfang gegeben, wodurch die rechte Seite des Stirnbeins etwas eingedrückt war und das rechte Auge tiefer als das linke stand. Aus dieser Anomalie konstruierte er die Bildung seines Gesichtes und sprach als Physiolog, als Künstler, als Poet, als ein universeller Geist. Noch insbesondere belehrend war, was Goethe darüber sagte, wie der Künstler sich an die Wirklichkeit zu halten habe und diese nicht absichtlich ändern dürfe, zumal bei Bildnissen. Diese Asymmetrie am Schädel eines so geistvollen Mannes kann uns keinen Zweifel daran einflößen, daß das Gehirn die Werkstätte der Seele ist; denn es war eine äußere, wahrscheinlich bei der Geburt entstandene Ungleichheit, und der Natur fehlt es bei den ihr zu Gebote stehenden unberechenbaren Möglichkeiten nicht an Kompensationen, wodurch die Wirkungen von Bildungsstörungen aufgehoben werden, wenn sie ihre Zwecke durchsetzen will. Ohne Zweifel hatten sich die Hemisphären intensiv und quantitativ einander gleich ausgebildet, so daß die Verschiedenheit wohl bloß in einer höheren und tieferen Lage der beiden Teile des großen Gehirns bestand und die Unebenmäßigkeit nur die Schädelform betraf. – Was ich hier gesagt habe, sprach Goethe auf seine unnachahmliche Weise mit wenigen gehaltvollen Worten aus, so daß ich, solche nicht genau aufgezeichnet zu haben, überaus bedauern muß.

Um diese Eigenheit in der Schädelbildung zu verbergen, hat Rauch den Kopf der Büste gewendet, obwohl diese Bewegung nicht in Goethes Art lag, der jedem angesichts ins Angesicht schaute ... Rauch hatte diese Arbeit aus eigenem Antriebe unternommen, und ich bat Goethe um die Erlaubnis, bei dem Meister nach dem Modelle sein Bildnis für mich in Marmor bestellen zu dürfen, was er sehr gern bewilligte, und so habe ich das Glück, die Originalbüste zu besitzen, welche nachmals gewiß tausendfach in allen Arten von Material vervielfältigt worden ist.«

Ähnlich lautet ein Brief Quandts an Julius Schnorr von Carolsfeld vom 23. Dezember 1820, der ebenfalls interessante physiognomische Einzelheiten berührt. Da heißt es: »Diese Rauchsche Büste ist das vollkommenste Bild von Goethe, sie vereint die ursprünglich schönen Verhältnisse seines Gesichts, die zugleich die Grundzüge seines Geistes und Gemüts darstellen, mit allen den Einschnitten und Erhöhungen, welche das Leben und die Zeit in die bewegliche Oberfläche seines Gesichts eingrub, und es gibt wohl wenig Gesichter, welche einem schnellern Wechsel des Ausdrucks unterworfen, welche mehr von Schmerz und Entzücken, von Liebe und Haß durchwühlt sind, als seines, indes eine ewige Klarheit und Ruhe auf der großen Stirn sich behauptet. Dazu kommt nun noch diese Eigenheit, daß die Natur die Mittellinie seines Gesichts nicht senkrecht, sondern gebogen zog, so daß die Nase auffallend schief gegen die Stirne und das rechte Auge sehr viel niedriger als das linke steht. Diese Büste war so vortrefflich modelliert, daß ich dem Wunsch, sie in Marmor zu besitzen, wohl nicht widerstehen kann und deshalb an Rauch schreiben werden.« – In der Tat arbeitete Rauch die Büste anschließend auch in Marmor und Bronze.

Düsseldorf, Goethe-Museum Anton-und-Katharina-Kippenberg-Stiftung

56. Friedrich Tieck
1820. Büste in Gips
Höhe: 57 cm

Zur Entstehung der gleichzeitig mit der von Rauch gearbeiteten
Büste gilt das zu Nr. 55 Gesagte. Daß Tieck »seine frühere Büste«
von 1801 nur korrigierte, wie Rauch meinte, stimmt allerdings
nicht. Sie ist wie die Rauchs eine völlig neue Gestaltung.
Düsseldorf, Goethe-Museum Anton-und-Katharina-Kippenberg-
Stiftung

57. Angelika Facius
Zwischen 1827 und 1832. Relief in Gips nach Rauchs
Büste von 1820
Durchmesser: 55 cm

Zu dieser Arbeit des in Weimar geborenen Goethe-Schützlings Angelika Facius gibt es bei Goethe keinen Hinweis. Goethe schickte Angelika 1827 mit einem Stipendium des Herzogs ausgestattet nach Berlin zu Rauch in die Lehre, wo sie bis 1835 blieb. Angelikas erste Arbeit war 1825 eine Medaille auf das Regierungsjubiläum Carl Augusts von Weimar. Die Medaille ist klein und läßt noch in keiner Weise die im Goethe-Relief bekundete Fähigkeit erkennen. Deshalb muß man dem traditionell angesetzten Entstehungszeitraum des Reliefs »Zwischen 1825 und 1830« Skepsis entgegenbringen.

Im Hinblick darauf, daß Angelika Rauchs Schülerin war, wird im Vergleich mit der Goethe-Büste des Lehrers deutlich, daß ihr Relief deren Umsetzung ins Profil ist. Deshalb ist anzunehmen, daß das Relief erst in Angelikas Berliner Zeit entstanden ist, möglicherweise im Zusammenhang mit Goethes Tod. Das bedeutet, daß wir das Relief zwischen 1827 und 1832 anzusetzen hätten.

Weil es sich offensichtlich um die Profildarstellung der Büste Rauchs von 1820 handelt, wird das Relief, obgleich später entstanden, unter dem Kriterium von Goethes äußerer Erscheinung schon an dieser Stelle angeführt.

Düsseldorf, Goethe-Museum Anton-und-Katharina-Kippenberg-Stiftung

58. Franz Heinrich Müller
1821. Kreidezeichnung
29,6 cm auf 22,6 cm

Heinrich Müller, dessen Entwicklung Goethe lebhaft interessier-
te, war die Seele des von Carl August gegründeten lithographi-
schen Instituts. In welchem Monat das Bild entstanden ist, weiß
man nicht. August Graf von Platen-Hallermünde schildert in seinem Tagebuch vom 16. und 17. 10. 1821 Goethe: ».. . auf seinem
Angesichte sind die Spuren des Alters eingeprägt. Die Haare grau
und dünn, die Stirn ganz außerordentlich hoch und schön, die Nase groß, die Form des Gesichts länglich, die Augen schwarz,
etwas nahe beisammen.«
Berlin, Staatliche Museen, Kupferstichkabinett und Sammlung
der Zeichnungen

59. Heinrich Kolbe
1822. Ölgemälde auf Leinwand
Maße: 66 cm auf 53 cm

Kolbe war schon 1799 als junger Künstler gelegentlich einer Preisverleihung durch die »Weimarer Kunstfreunde« mit Goethe in Verbindung getreten. Goethes Interesse an Kolbes Entwicklung hielt an. Malen durfte ihn Kolbe allerdings erst 1822. Er begann das Bild am 2. Mai in Weimar. Die Arbeit dauerte bis Mitte Juni. Schon am 22. Mai ließ Goethe Kanzler von Müller über den Ankauf des Bildes verhandeln. Goethe hat es später verschenkt. Goethe trägt auf der rechten Brust den Stern des russischen St. Annenordens, auf der linken den des Weimarer Falkenordens, um den Hals das Komturkreuz des österreichischen Leopoldordens und am Rockaufschlag das Kreuz der Ehrenlegion. Goethe hat sich wiederholt, entgegen dem gewöhnlichen Brauch, im vollen Ordensschmuck malen lassen – gemäß seiner Einsicht: »Ein Titel und ein Orden hält im Gedränge manchen Puff ab.«

Daß solcher Habitus ein Schutz der Sensibilität war, macht der Bericht Lea Mendelssohns vom Oktober 1822 über Goethes Umgang mit ihrem damals dreizehnjährigen Sohn Felix deutlich: »Goethe, der Vornehme, Hohe, Ministerielle, um den Würde, Ruhm, Dichterglanz, Genie und Superiorität jeder Gattung eine blendende Strahlenkrone bilden, vor dem gemeine Sterbliche erbangen, ist so gütig, mild freundlich, ja väterlich gegen den Knaben, daß ich nur mit dem innigsten Dank und freudiger Rührung mir diese beglückenden Bilder zurückrufen kann.«

Düsseldorf, Privatbesitz

60. Heinrich Kolbe
1822 bis 1826. Ölgemälde auf Leinwand
222 cm auf 156 cm

Noch im Herbst 1822 begann Kolbe gleichsam ein Gegenstück zu seinem vorangegangenen Goethe-Bild zu malen: Stellt jenes den Staatsmann dar, so zeigt dieses den Dichter. Kolbe arbeitete daran insgesamt vier Jahre. Als es am 14. September 1826 in Weimar anlangte, hat es die widersprechendsten Beurteilungen erfahren. Goethe war durchaus nicht entzückt; er schrieb den nächsten Tag an Heinrich Meyer: »Die vorläufige Beschreibung davon konnte mir kein rechtes Zutrauen einflößen. Nun ist es da, und ich für meine Person finde es nicht erfreulich; andere sehen es wenigstens zweifelnd an und mögen sich nicht gern darüber äußern. Ich mag Sie nicht darauf einladen; Sie würden dagegen vielleicht gerechter als ich, aber doch nicht erbaut sein.«

Friedrich von Müller hingegen schrieb: »Wir hatten Goethes lebensgroßes Bild, von Kolbe, nach Berlin für die Kunstakademie bestimmt, hier einige Tage lang zu besitzen die Freude. Es stellt den Moment seines Abschieds aus Italien, am Meerbusen Neapels, dar, es ist trefflich gemalt und sehr gut getroffen ... Goethe zeichnet, dichterisch schaffend, eben die Worte: »Nicht vorbei, es muß erst frommen!« (aus dem Festgedicht an die Kaiserin-Mutter vom Jahre 1813) in seine offene Schreibtafel ein ...«

Den siebenundsiebzigjährigen Goethe vor die Bucht von Neapel mit dem Vesuv zu stellen, wo Goethe neununddreißig Jahre zuvor zum letzten Male war, ist ein Anachronismus, der beim Betrachter Betroffenheit auslöst und ihn an der Wahrheit des Bildes zweifeln läßt. Aber das Bild widerspricht sich nur durch seine unglückliche Kombination: Das Porträt Goethes, für sich betrachtet, ist – gerade seines Realismus wegen, der manchem Zeitgenossen im Verhältnis zu »seinem« idealisierten »Dichterfürsten« nicht behagt haben wird – eine faszinierende Leistung. Das Bild wurde 1831 der Universitätsbibliothek Jena übergeben.

Jena, Kunst- und kulturhistorischer Besitz der Friedrich-Schiller-Universität, Universitätsbibliothek, Hauptlesesaal

61. Heinrich Kolbe
1822 bis 1826. Ölgemälde auf Holz
20,3 cm auf 17,2 cm

Aus dem unter Nr. 60 genannten Grunde wirken die von Kolbe als Brustbilder gehaltenen, in den Größenmaßen unterschiedlichen Vorstudien und Wiederholungen überzeugender als die ganzfigurige Ausführung des Bildnisses von 1822/26. Die Fassung als Brustbild konzentriert den Blick des Betrachters allein auf Goethe. Sie zeigt einen alten Mann, der ungeachtet seines faltigen Halses die Halsbinde gelockert und den Kragen geöffnet hat. Es ist nicht das Bild der höfisch-distanzierten Exzellenz, sondern des engagierten Menschen, dem die Lebenseinsicht hoher Jahre das Gesicht geprägt hat.

Düsseldorf, Goethe-Museum Anton-und-Katharina-Kippenberg-Stiftung

Göethe.

62. Henri Grévédon
1823. Lithographie
26 cm auf 22,7 cm

Nach einer Zeichnung von Orest Adamowitsch Kiprinsky.
Der russische Maler Kiprinsky begegnete Goethe 1823 in Marien-
bad und zeichnete ihn dort in der Zeit vom 13. bis 18. Juli. Es ist die
Zeit, in der Goethe leidenschaftliche Zuneigung zu Ulrike von
Levetzow empfand und sich ernste Hoffnungen auf ihre Hand
machte. Die Originalzeichnung ist verschollen. Sie ist uns nur
durch die von Grévédon angefertigte Lithographie bekannt. Goethe selber vermerkte, daß es dem Zeichner gelungen sei, »jedermann zufriedenzustellen, auch den Großherzog, dem nicht leicht
etwas in dieser Art genügt.«
Düsseldorf, Goethe-Museum Anton-und-Katharina-Kippenberg-
Stiftung

63. Karl Christian Vogel von Vogelstein
1824. Weißgehöhte Kreidezeichnung
25,8 cm auf 21 cm

Die Originalkreidezeichnung, einst im Kupferstichkabinett der
Staatlichen Kunstsammlungen Dresden, wird seit 1945 vermißt.
Im Archiv der Anton-und-Katharina-Kippenberg-Stiftung befin-
det sich eine alte Photographie des Originals. Nach dieser die
Abbildung.
Am 4. Juni 1824 schrieb Heinrich Meyer an Böttiger nach Dres-
den: ». . . Herr Professor Vogel hat hier gute Aufnahme gefunden;
seine Gemälde und Zeichnungen haben gefallen, und zwar von
Rechts wegen; . . . so wünschte er für seine eigene Porträtsamm-
lung auch Goethe zu zeichnen, und sein Wunsch ist erfüllt wor-
den . . .«
Auch Goethe gedachte in einem Gespräche mit dem Kanzler
Friedrich von Müller, das am 1. März 1827 stattfand, des Künstlers
mit »großem Lobe«.
Düsseldorf, Goethe-Museum Anton-und-Katharina-Kippenberg-
Stiftung, Foto-Archiv

64. Christian Daniel Rauch
1824. 2. Denkmalentwurf, 2. Fassung in Gips

Auf Anregung von Sulpiz Boisserée beschloß die Frankfurter Bürgerschaft 1819 gelegentlich der Feier zu Goethes siebzigstem Geburtstag, Goethe ein Denkmal zu errichten. (Vgl. Nr. 40) Auf Goethes Rat hin wurde Rauch damit beauftragt. Seinen ersten Entwurf, eine stehende Figur (1823), verwarf Rauch selber. Er entschied sich in einem zweiten Entwurf für eine sitzende Figur. Die erste Fassung dieses zweiten Entwurfes vermochte Goethe nicht zu befriedigen. Zu einer zweiten Fassung ließ Goethe den Künstler durch Heinrich Meyer Ende Februar/Anfang März 1824 Folgendes wissen:

». . . Dank für Ihre mir sehr werte Zuschrift vom 26. des vergangenen Monats, welche ich dem Herrn Staatsminister von Goethe mitgeteilt und von demselben Auftrag erhalten habe, Ihnen zu melden: Das Gipsmodell zu einer sitzenden Ihn darstellenden Statue sei glücklich bei ihm angelangt und habe ihn sehr erfreut. Auch mir ist das Anschauen dieses Modells vergönnt worden, noch ehe Ihr vorgedachter Brief angekommen war, und wir glaubten beide übereinstimmend: mit dem Werk, als Entwurf zu einer in Lebensgröße oder drüber auszuführenden Statue könne man ganz wohl zufrieden sein, ja, es sei für gelungen zu achten; es wäre indessen zu wünschen, daß man sich über die etwa vorzunehmenden Abänderungen, ehe die Ausführung im Großen stattfindet, noch mündlich besprechen könnte; denn im schriftlichen Verkehr ist es teils schwer, sich gehörig deutlich zu machen, teils spricht sich jeder Vorschlag als Meinung, ich möchte sagen diktatorisch aus; Herr Staatsminister von Goethe aber, und woferne auch mir erlaubt sein sollte mitzusprechen, möchten bloß gemeinschaftlich beratend mit Ihnen übereinkommen. Hier sei indessen antwortend auf Ihre freundliche gütige Zuschrift über einiges unmaßgeblich sich geäußert.

Das von Ihnen geschehene Ablehnen des wirklichen, gegenwärtigen Kostüms ist alles Beifalls würdig. Was wäre da Befriedigendes zu leisten, und was ließe sich auch bei der sorgfältigsten

Ausarbeitung in Marmor auf diesem Wege hoffen? – Ich bediene mich der eigenen Worte des Herrn Staatsministers von Goethe: ›Wie das Kostüm, so würde auch die Statue selbst in wenigen Jahren veralten.‹ – Die antike Bekleidungsweise, welche Sie . . . für das Modell gewählt haben, ist ohne allen Zweifel die beste. Ein Bild dieser Art kann für alle Zeiten, rückwärts und vorwärts, gelten, und also möchte . . . das übersendete Modell als Fundament für die im Großen auszuführende Statue einstweilen angenommen werden. Eine völlige Umbildung scheint uns nicht verlangt werden zu dürfen. Das ruhige Sitzen ist ganz angemessen, und in diesem Sinne wird künftig von selbst das heftige Zurückgehen des linken Arms gemildert, der angezogene rechte Fuß mehr vorwärts gebracht werden; dieses letztere gewährt auch für den Faltenwurf um die Knie den Vorteil größerer Flächen, ruhigerer Massen . . .«

Um die Angelegenheit rascher zu erledigen, begab sich Rauch nach Weimar, worüber sein Tagebuch berichtet:

»In Weimar

Junius 19. Die Reise mit 2 Pferden, Post, kostet bis hierher netto 50 Taler. Seit dem beinahe dreijährigen Nichtsehen Goethes fand ich ihn unverändert, geistig lebendig, heiter in fast ununterbrochener ausdauernder Tätigkeit, körperlich wohl, in bewunderungswürdiger Gradehaltung des Körpers, beweglich, das Auge lebendiger im Ausdruck, als vor drei Jahren in Jena ichs fand, die Farbe des Gesichts fast jugendlich blühend gerötet, daß ich mich der Büste schämte, vor drei Jahren modelliert, welche mir gegen die Natur veraltet vorkam.

24. beendigte ich die aus den beiden Skizzen sitzender Stellung zusammengesetzte dritte, welche Goethen und Hofrat Meyer Wunsch ganz entsprach.«

Das abgebildete Modell ist die zweite Fassung des zweiten Entwurfs, auf die sich die Korrespondenz bezieht.

Weimar, Nationale Forschungs- und Gedenkstätten der klassischen deutschen Literatur

65. JOHANN HEINRICH SCHMELLER
1825. Kreidezeichnung
46,5 cm auf 37,5 cm

Bei dieser Zeichnung handelt es sich um die Replik aus der ehemaligen Sammlung Dr. Albert Figdor, Wien. Das Original gilt als verschollen.

Aus Goethes Tagebüchern kann man schließen, daß sie Anno 1825, und zwar in den ersten Tagen des März, entstand. Die folgende Notiz aus den »Erinnerungen« des Freiherrn Max von Gagern, mit dessen Vater Hans Goethe freundschaftliche Beziehungen unterhielt, zeigt, wie hoch Goethe dies Bildnis und seinen Schöpfer bewertete.

»...[Es] wurde bei dieser Begegnung ferner dann auch folgendes verabredet. Goethe versprach dem Freiherrn Hans von Gagern sein Bildnis, und zwar ein wohlgetroffenes von einem geschickten Künstler [Schmeller], wohl das ähnlichste, das von ihm angefertigt sei; er verlangte dafür aber, daß Baron Gagern sich für ihn gleichfalls zeichnen lasse. Dabei gebrauchte der den Ausdruck: ›Ich habe einen geschickten Zeichner zur Hand, der diese Aufgabe zur Zufriedenheit lösen wird.‹«

Weimar, Nationale Forschungs- und Gedenkstätten der klassischen deutschen Literatur in Weimar, ehem. Sammlung Dr. Albert Figdor, Wien

Etude d'après nature pour être exécuté en médaille dessiné en mars 1826. H.F. Brandt

66. HEINRICH FRANZ BRANDT
1826. Bleistiftzeichnung
Maße: nicht bekannt

Heinrich Franz Brandt, der erste Medailleur an der Königl. Mün-
ze zu Berlin, hatte am 20. September 1825 den Auftrag erhalten,
zum fünfzigjährigen Jubiläum der Ankunft Goethes in Weimar

eine Denkmünze zu prägen, die auf der einen Seite mit den Bildnissen Carl Augusts und seiner Gemahlin, auf der anderen mit dem Porträt Goethes geschmückt sein sollte. Da die Medaille jedoch allgemein mißfiel, so ließ man nach vielerlei Hin- und Herschreiben endlich Brandt persönlich nach Weimar kommen, damit er seine Modelle nach dem Leben zeichnen könne. Goethe wurde von ihm dreimal porträtiert – (die beiden anderen Zeichnungen befinden sich im Goethe-Nationalmuseum, Weimar) – en face, im Dreiviertel- und im ganzen Profil.

Die bedeutendste der drei Zeichnungen, das Original der hier nach einer alten Photographie aus dem Foto-Archiv der Sammlung Kippenberg wiedergegebenen Darstellung, gehörte dem Kupferstichkabinett Dresden. Nach Auskunft der Staatlichen Kunstsammlungen Dresden, Kupferstichkabinett, wird sie seit 1945 vermißt.

Düsseldorf, Goethe-Museum Anton-und-Katharina-Kippenberg-Stiftung, Foto-Archiv

67. Ludwig Sebbers
1826. Gemälde auf Porzellantasse
Höhe: 12,4 cm; Durchmesser: 8,7 cm

Am 17. Juli 1826 erschien Sebbers bei Goethe, um sein Porträt auf eine Porzellantasse zu malen, und am 12. August 1826 schreibt Goethe an Zelter: »Ein wunderliches Ereignis muß ich auch noch melden: Ein junger Porzellanmaler aus Braunschweig hatte mir durch Vorzeigen von seinen Arbeiten so viel Vertrauen und Neigung eingeflößt, daß ich seinen dringenden Wünschen nachgab und ihm mehrere Stunden gewährte. Das Bild ist zu aller Men-

schen Zufriedenheit wohlgeraten. Wenn es glücklich durch den
Brand durchkommt, so wird es sowohl um sein selbst willen, als
der schönen Zieraten, zu Hause ihm eine gute Empfehlung sein.
Er heißt Ludwig Sebbers und kam reisend hier durch.

> Sibyllinisch mit meinem Gesicht
> Soll ich im Alter prahlen!
> Je mehr es ihm an Fülle gebricht,
> Desto öfter wollen sies malen!

So habe ich billigermaßen über diese Bemühungen gescherzt;
man muß es aber geschehen lassen.«

Und am 22. September 1826 hat er, wie Riemer in seinen »Mitteilungen über Goethe« (II, p. 676) berichtet, sich also geäußert:
»Was der Maler Sebbers vermag, hat er an meinem Bilde auf jener
Tasse lobenswert geleistet, aber ich darf nicht verschweigen, daß
ich ihm wohl zwanzigmal, zu Stunden und halben Stunden gesessen, sowohl zu der ersten Anlage, welche schon fertig genug
erschien, als nach zweimaligem Brennen, zum Retouchieren. Er
hat sich aber dabei keinen Strich, keinen Punkt aus dem Gedächtnis willkürlich erlaubt; daher denn freilich ein sehr ähnliches
und lobenswürdiges Bild entstanden ist.«

Auch die Weimarer Kunstrichter waren von dem Werk des jungen Braunschweigers entzückt, wie aus einem, in der Spener-
schen Zeitung vom 5. Juli 1827 publizierten Briefe Meyers an
Goethe vom 16. August 1826 erhellt. Dort heißt es: ». . . Ruhige Haltung im ganzen, bestimmte Umrisse ohne Härte, Rundung, über-
einstimmende Züge, belebter Ausdruck, kräftiger warmer Ton
der Fleischtinten und löbliche geschmackvolle Behandlung der
Haare, sowie der Gewänder, will ich als preiswürdige Eigenschaften bloß anzudeuten mich begnügen, weil sie den kunstver-
ständigen Beschauern des Werkes von selbst sich offenbaren.
Doch ein Umstand, und zwar in gewisser Hinsicht der wichtigste,
der diese Malerei besonders bei Auswärtigen empfehlen und
ihren Wert erhöhen dürfte, muß bezeugt werden, nämlich die
überaus wohlgetroffene Ähnlichkeit. Es ist mir kein Bild von
Ihnen bekannt, welches Ihre Züge, Ihre Gestalt und sittliches Wesen, wahrhaftiger aufgefaßt, darstellte.«

Goethe bemerkt dazu: »Daß ich der Überzeugung des Herrn Hofrat und Direktor Meyer vollkommen beipflichte, versichere gern, und füge hinzu, wie ich mit Vergnügen an Herrn Sebbers einen jungen Mann gefunden, der entschiedene Naturgaben mit musterhaftem Fleiß praktisch ausbildet, indem er einen Weg verfolgt, worauf man jeden jungen Künstler zu sehen wünscht. Allem Gutem auf einem gleichmäßig fortgesetzten Lebensgange, zur Freude seiner Gönner und Beschützer, wie zu seinem eignen Wohl mit Vertrauen entgegenblickend Weimar, den 23. August 1826.

J. W. v. Goethe.«

Weimar, Nationale Forschungs- und Gedenkstätten der klassischen deutschen Literatur in Weimar, Goethes Wohnhaus

68. Ludwig Sebbers
1826. Weißgehöhte Kreidezeichnung
56,5 cm auf 43,5 cm

Das verschollen geglaubte Original der Kreidezeichnung war lange nur aus einem Lichtdruck bekannt, den die Münchener »Hof- Buch- und Kunsthandlung Adolf Ackermann« 1883 vor dem Verkauf der Zeichnung nach den USA hatte anfertigen lassen. George Madison Priest entdeckte das Original schließlich in der Princeton University Library und schrieb darüber im Goethe-Kalender auf das Jahr 1938.

Die Zeichnung entstand, als sich Sebbers vom 2. bis 9. September 1826 zum zweiten Male in Weimar aufhielt. Sie ist signiert und datiert: »Nach der Natur gezeichnet v. L. Sebbers Weimar d. 7^t. Septembr. 1826.«

Feuchtigkeit und Licht haben sich auf das Blatt in solchem Maße ausgewirkt, daß die Zeichnung nicht mehr in allen Einzelheiten zu erkennen ist. Aus diesem Grunde wird ihr der bekannte Lichtdruck gegenübergestellt.

Princeton, Princeton University Library

69. JULIE VON EGLOFFSTEIN
1826-1827. Ölstudie auf Leinwand
25 cm auf 20 cm

Goethe beobachtete das Maltalent der jungen Gräfin Egloffstein wohlwollend und förderte es durch Zuspruch. 1826-1827 unternahm die Gräfin, ein lebensgroßes Porträt Goethes zu malen. Dazu sind verschiedene Studien in Pastell und Öl erhalten, die durchweg lebendiger erscheinen als das ausgeführte Bild.
Weimar, Nationale Forschungs- und Gedenkstätten der klassischen deutschen Literatur in Weimar, Gemäldemagazin

70. JOHANN JOSEPH SCHMELLER
1826-1827. Ölgemälde
143 cm auf 106,5 cm

Schmeller arbeitete an diesem Bild vom 22. September 1826 bis zum 21. März 1827. Bei den fortdauernden Begegnungen mit Goethe hatte er reichlich Gelegenheit, dessen Haltung zu studieren. Über Goethes äußere Erscheinung berichtet Wilhelm von Humboldt gelegentlich seines Besuches im Januar 1827: »er ist das Bild eines schönen und rüstigen Greises.« Und noch am 5. Mai 1827 beschreibt F. Th. Kugler seinem Freunde Droysen den Siebenundsiebzigjährigen: »Eine hohe, edle Gestalt, nicht gebückt, im braunen Überrock ... Das Gesicht edel, nicht so verfallen, als du glaubtest, die Farbe dunkel, braunrot, die Nase groß, aber nicht lang, über der gewaltigen jovischen Stirn heben sich weiße Haare, um den Mund spielt ein eignes Lächeln.«

Frankfurt Main, Freies Deutsches Hochstift Frankfurter Goethe-Museum

71. Leonhard Posch
1827. Relief in Gips
Höhe: 8 cm

Am 25. Februar 1827 schrieb der Großherzog Carl August an
Goethe: »Dieses ist Herr Posch, der bekannte Modellierer, der
mein Profil 1807 in Berlin und 1814 in Paris, beides unter Direktion
Denons fertigte ... Posch war ein ausgezeichneter Künstler, ob er
es noch ist, das weiß ich nicht. Halte ihm Dein halbes Haupt willig
dar und siehe freudebringend dazu aus.«
Goethe willfahrte noch am selben Tage dem Wunsche seines
fürstlichen Freundes, und am 27. war das Werk bereits vollendet.
Düsseldorf, Goethe-Museum Anton-und-Katharina-Kippenberg-
Stiftung

72. Joseph Karl Stieler
1828. Ölgemälde auf Leinwand
78,2 cm auf 64 cm

Auf Wunsch des bayerischen Königs Ludwig I. hielt sich Stieler vom 25. Mai bis Anfang Juli 1828 in Weimar auf, um Goethe zu malen. So berichtete Goethe in den ersten Junitagen Zelter:

».. . Herr Stieler beschäftigt sich schon seit einigen Tagen mit meinem Bilde und, wie es das Ansehen hat, sehr glücklich; er denkt es Euch nach Berlin zu bringen, und da werdet Ihr selbst sehen und urteilen. Er ist so kunstreich als einsichtig klug und angenehm im Umgange; auch hat er von Deutschtum und Frommtum nicht gelitten, da sich seine Bildung von älterer Zeit herschreibt.«

Das Porträt erregte in Berlin und München, wo es der König an Goethes Geburtstage zum erstenmal besichtigte, allgemeine Begeisterung, und wie sehr Goethe selber damit zufrieden war, bezeugt ein Brief, den er am 30. November an Johann Friedrich Cotta nach München sandte. Dort heißt es:

»Daß Herrn Stieler das Porträt glücklich gelungen und sowohl dem höchsten Anordnenden als sonstigen Beschauenden Freude macht, bis zu einem Enthusiasmus der Teilnahme, dies ist ein höchst schätzbares Ereignis; freilich war es zu hoffen und zu erwarten von einem solchen Talente. Ich bin der gültigste Zeuge von seiner Überlegsamkeit, sorgfältiger Wahl und zwar nicht raschem aber entschiedenem Handeln. Hiezu nun die Unermüdlichkeit, das Erfaßte durch- und auszuführen; wobei denn die Zeit, die darauf verwendet werden mußte, glücklicherweise durch anmutig-belehrende Unterhaltung auch mir zugute kam. Grüßen Sie den wertesten Mann zum allerbesten . . .«

Allerdings hat das schön gemalte Bild auch eine ironische Bemerkung Goethes herausgefordert, die Stieler seinem König selber mitteilte: »Sie zeigen mir«, habe Goethe gesagt, » wie ich sein könnte. Mit diesem Manne auf dem Bilde ließe sich wohl gerne ein Wörtchen sprechen. Er sieht so schön aus, daß er wohl noch eine Frau bekommen könnte. Vortrefflich, dies ist nicht mehr gemalt, es ist ein Körper, es ist das Leben.«

München, Bayerische Staatsgemäldesammlungen, Neue Pinakothek

73. Christian Daniel Rauch
1828. Statuette in Biskuitporzellan der Manufaktur Meißen
Höhe: 31 cm

Rauch berichtet in seinem Tagebuch: ». . . 22. Septbr. bis Weimar
und bei Goethe verweilt, dessen ganze Gestalt im kleinen modelliert im Hausrock, die Länge und Breiten derselben gemessen,
am 25ten mittags Weimar verlassen.«
Rauch verfertigte damals aus zusammengesiegelten Papierstrei-
fen ein Bandmaß mit der eigenhändigen Bezeichnung: »genaues
Maß Goethes, selbst gemessen am 24. September 1828 zu Wei-
mar.« Danach maß Goethe 6 Fuß $1\frac{1}{2}$ bis 6 Fuß $1\frac{2}{3}$ Zoll, das heißt
ungefähr 174 Zentimeter.
Über diese Statuette sagt Riemer in seinen »Mitteilungen über
Goethe« I, S. 45:
»In dieser charakteristischen Angewohnheit [das heißt, die
Hände auf dem Rücken zu halten], die wie gesagt zum Habitus geworden, hat ihn Rauch vortrefflich dargestellt in einem kleinen
Standbilde, welches, wenn auch nicht die vollkommenste schärf-
ste Ähnlichkeit in den Gesichtszügen, doch die vollendetste Na-
turwahrheit in der ganzen Haltung und Stellung vergegenwär-
tigt«; und der Arzt Goethes, Dr. Karl Vogel, meint in seiner Schrift
»Die letzte Krankheit Goethes«, Berlin 1833, S. 22: »Die Körperhaltung Goethes kann man am besten durch die kleine Statue kennen lernen, welche wir gleichfalls Rauch verdanken.«
Im nächsten Jahre (1829) weilte Rauch mit seinem Schüler Rietschel vom 30. Juni bis zum 2. Juli abermals in Weimar und nahm
an der Statuette auf Goethes Wunsch noch eine kleine Änderung
vor. Rietschel berichtet darüber in seinen »Jugenderinnerungen«
(vgl. Oppermann, Ernst Rietschel, Leipzig 1863, S. 97):
»Rauch nahm mich mit zu Goethe, dessen bekannte Statuette im
Oberrock etwas geändert werden sollte, da Goethe sich beklagt
hatte, daß sie ihm zu dick erschiene. Rauch änderte, modellierte
vorn und nahm ab, ich arbeitete etwas an der Rückenseite, während der alte Herr zwischen uns stand, liebenswürdig erzählte
und dann Kupferstiche zeigte.«

Aber auch die »geänderte« Statuette scheint Goethes Beifall nicht gefunden zu haben. Denn Wilhelm Zahn, der den Dichter noch im nämlichen Jahre besuchte und unter Goethes Kunstschätzen die Statuette nicht gewahrte, bekam auf seine verwunderte Frage hierüber von Goethe zur Antwort: »Die haben wir beiseite gestellt. Man steht doch nicht immer so.«

Die von Goethe beanstandete Leibesfülle tritt in einer ohne Sokkel nur 14,8 cm hohen Statuette mit anderer Haltung und Überrock statt langem Hausrock ganz deutlich hervor. Ob es sich bei diesem ebenfalls im Düsseldorfer Goethe-Museum befindlichen Eisenguß um eine Studie Rauchs handelt, ist nicht belegt. Zu den zahlreichen Nachbildungen der Statuette im Hausrock mit auf dem Rücken verschränkten Händen gehört sie jedenfalls nicht. Denn von der veränderten Haltung abgesehen, hätte keinem »Nachschöpfer« daran gelegen sein können, Goethe unvorteilhafter darzustellen, als das bekannte Vorbild ihn zeigt.

Düsseldorf, Goethe-Museum Anton-und-Katharina-Kippenberg-Stiftung

74. PIERRE JEAN DAVID D'ANGERS
1829. Kolossalbüste:
Gipsabguß des Original-Tonmodells in Angers
Höhe: 77 cm

David kam im August des Jahres 1829 nach Weimar, lediglich um Goethe zu modellieren. Sein Reisegefährte und Freund Victor Pavie hat uns einen Bericht über das erste Zusammentreffen des Bildhauers mit dem Dichter hinterlassen. (Vgl. Jouin, David d'Angers, Paris 1878, I. p. 221 f.) Darin heißt es:

»A peine avaient-ils échangé quelques pensées, que déjà Goethe et David s'étaient compris. La mise sévère du sculpteur, l'aisance de sa tenue, son grand œil bleu, sa parole simple, ses aperçus élévés, une jeunesse d'âme qui lui donnait d'être promptement ému, tout en lui devait plaire à l'auteur de ›Faust‹. Ce fut Goethe qui fixa de lui-même le jour et l'heure de la première séance. Le mouleur apporta la terre et l'armature, et le buste fut commencé.«

Am 26. August verzeichnet Goethes Tagebuch: »Herr David fing an, den Ton zur Büste aufzukneten.« Am 6. und 7. September wurde die Form gegossen, im April des Jahres 1831 war die Ausführung in Marmor vollendet, und am 13. Juli kam die Büste in Weimar an, begleitet von folgendem Briefe des Künstlers an sein Modell:

»Paris, 18 Juin 1831.

Monsieur!

Aussitôt que mes jeunes pensées ont pu se fixer vers la contemplation des sublimes ouvrages de la nature, mon admiration a été pour les grands hommes qui sont sa plus belle création. J'ai étudié la sculpture, comme un moyen plus durable de consacrer leurs traits, je leur ai voué ma vie et toutes les sensations de mon âme. Il m'était réservé, comme un indigne bonheur, de reproduire les traits du plus grand, du plus sublime. Je vous offre cette faible représentation de vos traits, non comme un ouvrage digne de vous, mais comme l'expression d'un cœur qui sent mieux qu'il ne peut exprimer.

Vous êtes la plus grande figure poëtique de notre époque, elle vous doit une statue, mais j'ai osé en faire un fragment; un génie plus digne de vous la terminera.

Veuillez, Monsieur, recevoir favorablement l'assurance du profond respect

de votre très-humble serviteur   David.«

Goethe antwortete am 20. August:

»In gleichem Sinne haben wir die übersendete Marmorbüste mit lebhaft dankbarer Gesinnung an- und aufgenommen, als ein Zeugnis des Wohlwollens eines unmittelbaren Geistesverwandten, als einen Beweis der Auflösung strenger Nationalgrenzen, und wir glauben dadurch uns der erhabenen Intention des Gebers angenähert zu haben ...«

Schon vorher, am 13. August, hatte Goethe, der, als er die Büste zum ersten Male erblickte, »kurios, kurios« gerufen haben soll, an Zelter nach Berlin berichtet:

»... Die kolossale Marmorbüste von Davids Hand ist angekommen und gibt viel zu reden. Ich verhalte mich ganz ruhig; denn ich habe in und mit dem kleinen Format schon genug zu tun, als daß ich begreifen könnte, wie sich eine doppelt und dreifach vergrößerte Form benehmen könnte. Indessen ist es trefflich gearbeitet, außerordentlich natürlich, wahr und übereinstimmend in seinen Teilen.«

Wie man im Kreise Goethes über die Büste Davids dachte, lehrt am besten ein Aufsatz von Heinrich Meyer, der im sechsten Bande von »Kunst und Altertum« (S. 486 f.) veröffentlicht wurde. Darin heißt es: »Nicht leicht sind über ein neues Kunstprodukt so ganz verschiedene Meinungen geäußert worden, als wir über das zu vernehmen hatten, welches uns hier beschäftigt. Einige, und zwar wackere gescheute Leute, aber mit französischer Geschmacksbildung, priesen dasselbe ohne Maß als ein unübertreffliches Meisterstück; andere hingegen, welche der Kunst in Deutschland und in Italien sich beflissen hatten, wollten die Arbeit durchaus nicht für eine ganz gelungene gelten lassen. Wir an unserm Ort glauben: die Lober sowie die Tadler seien beide in ihren Äußerungen von der rechten Mittelstraße abgewichen, und man werde die so ganz verschiedenen Urteile sich aus jener oben zur Sprache gekommenen nationalen Geschmacksrichtung erklären müssen. Als zuverlässig ist anzunehmen, daß alle auf gewöhnlich deutsche Weise Gebildeten, sich schwerlich ganz mit dem Werk des Mr. David werden befreunden können. Wie solches jetzt, da die Lokalität freilich einen völlig zusagenden Platz

nicht darbieten kann, aufgestellt ist, macht das Ganze, zumal in einiger Entfernung, nicht sogleich günstigen Eindruck; näher tretend wird aber der kundige Beschauer allmählich besser befriedigt und fühlt bei genauer Untersuchung des Details sich gern zum Beifall verpflichtet. Die Augen, sowie der Mund, sind besonders lobenswert; jene, mit treuester Sorgfalt der Natur nachgebildet, haben einen geistreichen sinnigen Blick, erscheinen jedoch im Verhältnis zu den übrigen Teilen, vornehmlich zur Nase, etwas klein. Der Mund ist, unsers Erachtens, vortrefflich gelungen, höchst wahrhaft, von angenehmer Form; die Lippe ein wenig gehoben, wie zum Sprechen, und dadurch gleichsam beseelt. Das Milde, Weiche, wodurch der treffliche Künstler den äußerlichen Charakter aller fleischigen Teile auszudrücken wußte, bewährt seine überaus große Fertigkeit in Behandlung des Marmors. Auch die Ohren sind mit löblichem Fleiß ausgeführt; sie stehen indessen etwas weit zurück und dürften vielleicht ein wenig größer gehalten sein. An den Haaren verdient der meisterhaft geführte Meißel unsern vollen Beifall, hingegen möchte man ihnen noch etwas gefälligern Lockenschlag wünschen; sie sehen fast ein wenig zerzaust aus, umstarren das Haupt und bewirken zum Teil den vorhin schon erwähnten minder angenehmen Eindruck des Ganzen aus der Ferne; übrigens sind sie, was günstig bemerkt und als wirkliches Verdienst anzurechnen ist, um die Stirne sehr gut angesetzt . . .«
Düsseldorf, Goethe-Museum Anton-und-Katharina-Kippenberg-Stiftung

75. Pierre Jean David d'Angers
1829. Gipsrelief
Durchmesser: 31,5 cm

Am 6. September 1829 begann David die Arbeit an diesem seiner
Goethe-Büste entsprechenden Relief, das in Paris in Bronze gegossen wurde.
Weimar, Nationale Forschungs- und Gedenkstätten der klassischen deutschen Literatur in Weimar, Goethe-Nationalmuseum

76. Johann Joseph Schmeller
1829-1830. Kreidezeichnung
Maße: nicht bekannt

Am 8. November 1829 schrieb Goethe an Schmeller: »Da ich heute zum Porträtieren sitzen kann, so zeige ich dieses Herrn Schmeller an, damit er sich wegen des Papiers darauf einrichte.
Weimar, den 8. Nov. 1829.   J. W. v. Goethe.«
Schmeller zeichnete, laut Goethes Tagebuch, während des No-

vembers dreimal an diesem Porträt, das vom Künstler mit der Jahreszahl 1830 datiert wurde.

Das Porträt befand sich noch 1914 im Besitz von Dr. Viktor Mannheimer. 1932 galt es bereits als verschollen. Jüngste Nachforschungen blieben ergebnislos. Die Abbildung erfolgt nach einem früheren Lichtdruck im Archiv der Sammlung Kippenberg.

Düsseldorf, Goethe-Museum Anton-und-Katharina-Kippenberg-Stiftung

77. WILLIAM MAKEPEACE THACKERAY
1830. Federzeichnung
Maße: nicht bekannt

Thackeray besuchte Goethe am 20. Oktober 1830. Von diesem Besuch stammt die für Goethes damalige Körperhaltung dokumentarisch interessante Darstellung. Das Original der Zeichnung ist verschollen. Belegt ist es nur durch die Wiedergabe in »Thackerayana«, S. 100, London 1875.
Daniel Maclise setzte der Figur später den zum Betrachter gewendeten Kopf nach Stielers Porträt auf und veröffentlichte die so entstandene bekannte Kombination 1832.
Düsseldorf, Goethe-Museum Anton-und-Katharina-Kippenberg-Stiftung, Bibliothek

78. Karl August Schwerdgeburth
1831 bis 1832. Silberstiftzeichnung
Blattgröße: 12,7 cm auf 16,2 cm

Schwerdgeburths Zeichnung ist das letzte nach dem Leben angefertigte Bildnis Goethes.
Goethe hatte den seit über zwanzig Jahren geschätzten Künstler
um dessen Porträt für seine Sammlung bedeutender Mitmen-
schen gebeten; aber er schlug ihm die Bitte ab, sich selber von
ihm zeichnen zu lassen. Während er dies ausführlich begründete,
hatte sich der Künstler des Dichters Züge so eingeprägt, daß er zu
Hause ein Bildnis Goethes zeichnete. Als dieser es am 23. Dezember 1831 sah, war er gewonnen: »... ich will nun recht gern alles
tun, was Ihnen zum Ziel Ihres Vorhabens führen kann, und so oft
sitzen, als Sie wollen«, berichtet Schwerdgeburth Goethes Ent-
schluß: »jetzt haben Sie wieder nichts zu ändern – als den ernsten
Zug um den Mund, wozu ich gleich sitzen will« ...
Weimar, Nationale Forschungs- und Gedenkstätten der klassischen deutschen Literatur in Weimar, Goethe-Nationalmuseum

79. Karl August Schwerdgeburth
1832. Kupferstich; früher Zustand
24,5 cm auf 20,2 cm

Die Mitte Januar 1832 vollendete Zeichnung (Nr. 77) befriedigte
Goethe so, daß er den Künstler bat, sie durch Kupferstich zu ver-
vielfältigen. Schwerdgeburth tat das. Aber Goethe erlebte die
Vollendung des Stiches nicht mehr.
Düsseldorf, Goethe-Museum Anton-und-Katharina-Kippenberg-
Stiftung

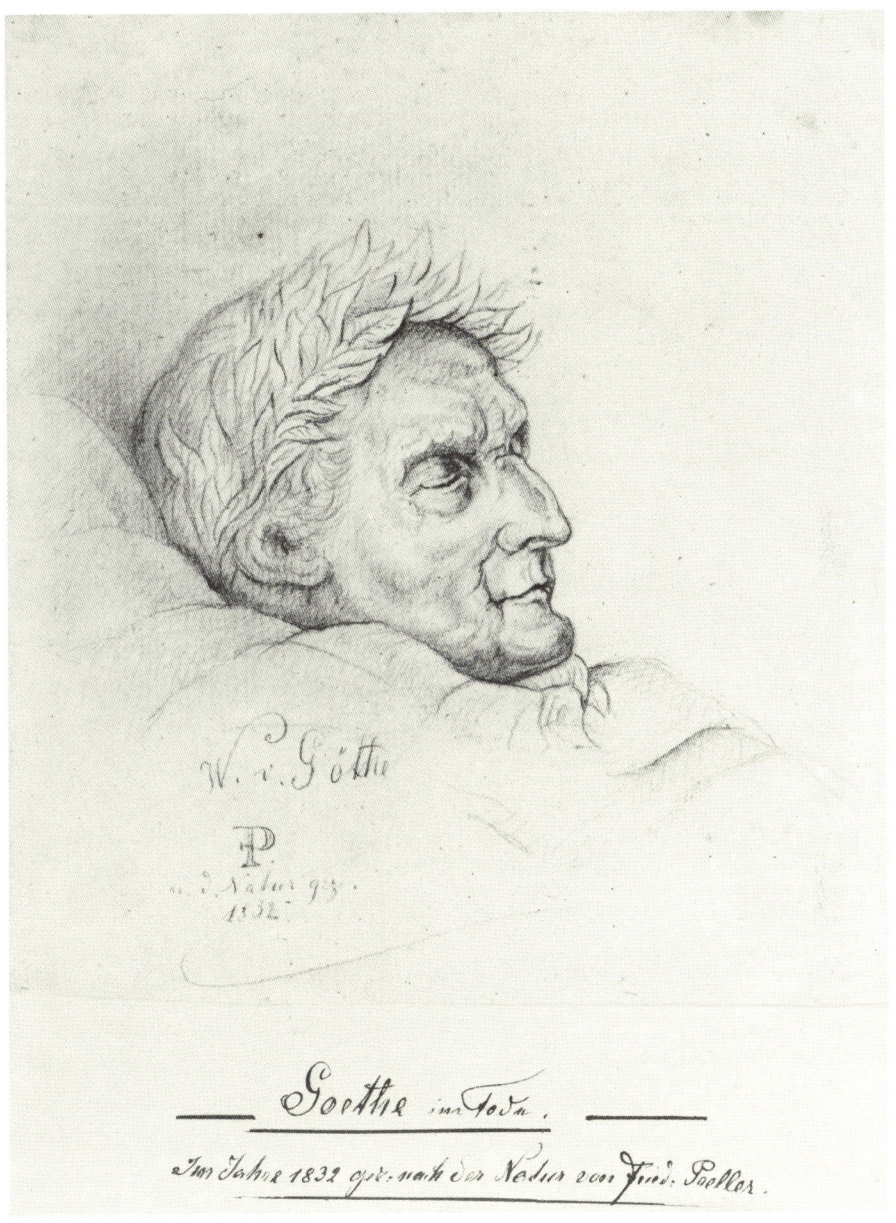

80. FRIEDRICH PRELLER
1832. Bleistiftzeichnung
20,3 cm auf 17,6 cm

»Der Tod ist ein sehr mittelmäßiger Porträtmaler. Ich meinerseits will ein seelenvolleres Bild, als seine Masken von meinen sämtlichen Freunden im Gedächtnis aufbewahren. Also bitte ich es Euch, wenn es dahin kommen sollte, auch einmal mit mir zu halten,« habe Goethe ihm mitgeteilt, berichtet Johann Daniel Falk gelegentlich der Bestattung Wielands. Entsprechend zögerte Goethes Schwiegertochter Ottilie mit der Einwilligung in Prellers Wunsch, Goethe auf dem Totenbett zeichnen zu dürfen. Aber eingedenk, daß Goethes Sohn kaum eineinhalb Jahre zuvor in Rom in Prellers Armen gestorben war, gab sie schließlich dennoch die Erlaubnis zu einer Skizze. Das Blättchen mit dem in kürzester Frist nur andeutungsweise umrissenen Kopf des Toten befindet sich in den Nationalen Forschungs- und Gedenkstätten der klassischen deutschen Literatur in Weimar. Erst zu Hause hat Preller die Zeichnung auf dem vorliegenden Blatt ausgeführt. Auf einen Stich verzichtete er im Hinblick auf Goethes einst geäußerten Wunsch. Indessen hat er persönlichen Freunden in späteren Jahren wiederholte. Umrißzeichnungen seiner hier abgebildeten Darstellung zukommen lassen. Diese Umrißwiederholungen versah er mit dem Hinweis: »W. v. Göthe, nach der Natur gezeichn. am Tage seiner Beerdigung 1832«. Der Vermerk wurde in der Überlieferung der Blätter immer mißverstanden. Denn Preller wollte damit nicht die Ursprünglichkeit des jeweiligen Blattes behaupten, sondern bei immer größer werdendem Zeitabstand nur darauf hinweisen, daß die Zeichnung als solche Goethe im Tode zeige, wie er ihn am Tage der Beerdigung gesehen habe.
Düsseldorf, Goethe-Museum Anton-und-Katharina-Kippenberg-Stiftung

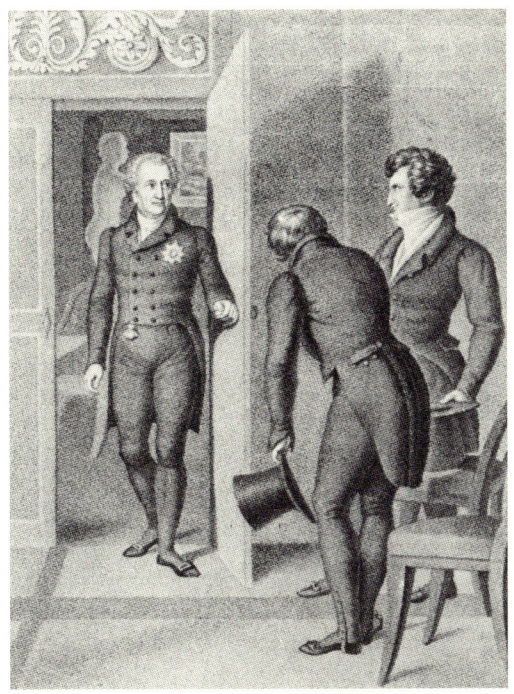

81. Friedrich Fleischmann
1830. Stahlstich
9,7 cm auf 7 cm

Diese zu Hauffs »Memoiren des Satans« im Taschenbuch »Vergiß mein nicht« auf das Jahr 1830 entstandene Illustration ist nur ein Kuriosum: Fleischmann hat Goethe nie gesehen. Er hat ganz offenbar verschiedene zeitgenössische Darstellungen kombiniert, insbesondere das Stieler-Porträt verwendet. Diese Phantomdarstellung wäre hier nicht aufzuführen, wenn nicht überliefert wäre, daß Goethes Enkel Wolfgang gerade von diesem Bildchen erklärt habe, »noch keines habe ihm die Gesamterscheinung des Großvaters, wie er sie in der Erinnerung trage, so völlig wieder vor Augen gestellt.« (Otto Mejer: Wolf Goethe. Ein Gedenkblatt; Weimar 1889, S. 16)
Düsseldorf, Goethe-Museum Anton-und-Katharina-Kippenberg-Stiftung, Bibliothek

Bildbeschriftungen nach laufender Nummer

1. Getuschter Schattenriß, anonym (um 1763)
2. Ölgemälde auf Leinwand von unbekanntem Meister (um 1765)
3. Ölgemälde von Johann Daniel Bager (um 1773)
4. Getuschter Schattenriß, anonym (1774)
5. Gestochener Schattenriß, anonym (1774)
6. Radierung von Georg Friedrich Schmoll (1774)
7. Aquarellminiatur von Georg Friedrich Schmoll (1774)
8. Bleistiftzeichnung von Georg Friedrich Schmoll (1775)
9. Erstes Relief in Gips von Johann Peter Melchior (1775)
10. Studie in Ölfarbe von Georg Melchior Kraus (1775-1776)
11. Zeichnung in Blei und Kreide von Georg Melchior Kraus (1776)
12. Büste in Kalkstein von Martin Gottlieb Klauer (1778/79)
13. Ölgemälde auf Leinwand von Georg Oswald May (1779)
14. Kopie der Originalkreidezeichnung von Jens Juel (1779)
15. Zeichnung in Kreide und Tusche von Johann Heinrich Lips (1779)
16. Tuschzeichnung von Johann Heinrich Lips (1779)
17. Geschnittener Schattenriß, anonym (um 1780)
18. Büste in Gips, schwarz-grün lasierter Ölfarbanstrich, von Martin Gottlieb Klauer (1780)
19. Geschnittener Schattenriß, anonym (um 1780)
20. Gestochener Schattenriß, anonym (um 1783)
21. Geschnittener Schattenriß, anonym (um 1783-1785)
22. Geschnittener Schattenriß, anonym (um 1783-1785)
23. Ölgemälde von Joseph Friedrich August Darbes (1785)
24. Aquarell und Kreide über Bleistift von Johann Heinrich Wilhelm Tischbein (1786/87)
25. Federzeichnung von Johann Heinrich Wilhelm Tischbein (1786/87)
26. Aquarell über Feder und Bleistift von Johann Heinrich Wilhelm Tischbein (1786/87)

27. Ölgemälde auf Leinwand von Johann Heinrich Wilhelm Tischbein (1786-1788)

28. Federzeichnung von Friedrich Bury (1787/88)

29. Ölgemälde auf Leinwand von Angelika Kauffmann (1787-1788)

30. Marmorbüste von Alexander Trippel (1787)

31. Gesichtsmaske in Gips. Abguß von der für Weimar von Trippel wiederholten Büste

32. Getuschter Schattenriß von Johann Friedrich Anthing (1789)

33. Terracottabüste von Martin Gottlieb Klauer (um 1790)

34. Kreidezeichnung von Johann Heinrich Lips (1791)

35. Aquarell von Johann Heinrich Meyer (zwischen 1792 und 1795)

36. Kreidezeichnung von Friedrich Bury (1800)

37. Kreidezeichnung von Friedrich Bury (1800)

38. Büste in Gips von Friedrich Tieck (1801)

39. Ölgemälde von Ferdinand Jagemann (1806)

40. Lebendmaske in Gips von Karl Gottlob Weißer (1807)

41. Büste in Gips von Karl Gottlob Weißer (1808)

42. Wachsrelief von Gerhard von Kügelgen (1808)

43. Ölgemälde auf Leinwand von Gerhard von Kügelgen (1808)

44. Ölgemälde auf Leinwand, »kombinierte« Fassung, von Gerhard von Kügelgen (1810)

45. Bleistiftzeichnung von Friedrich Wilhelm Riemer (um 1810)

46. Getuschter und kolorierter Schattenriß, anonym (1811)

47. Pastellgemälde von Louise Seidler (1811)

48. Bleistiftzeichnung von Karl Joseph Raabe (1811)

49. Miniatur in Ölfarbe auf Kupfer von Karl Joseph Raabe (1811)

50. Ölgemälde auf Eichenholz von Karl Joseph Raabe (1814)

51. Medaille von Johann Gottfried Schadow (1816)

52. Weißgehöhte Kreidezeichnung von Ferdinand Jagemann (1817)

53. Ölgemälde von Ferdinand Jagemann (1818)

54. Ölgemälde von George Dawe (1819)

55. Büste in Gips von Christian Daniel Rauch (1820)

56. Büste in Gips von Friedrich Tieck (1820)

57. Relief in Gips von Angelika Facius nach Rauchs Büste von 1820 (Zwischen 1827 und 1832)
58. Kreidezeichnung von Franz Heinrich Müller (1821)
59. Ölgemälde auf Leinwand von Heinrich Kolbe (1822)
60. Ölgemälde auf Leinwand von Heinrich Kolbe (1822 bis 1826)
61. Ölgemälde auf Holz von Heinrich Kolbe (1822 bis 1826)
62. Lithographie von Henri Grévédon nach einer Zeichnung von Orest Adamowitsch Kiprinsky (1823)
63. Weißgehöhte Kreidezeichnung von Karl Christian Vogel von Vogelstein (1824)
64. Zweite Fassung des zweiten Denkmalentwurfs in Gips von Christian Daniel Rauch (1824)
65. Kreidezeichnung von Johann Heinrich Schmeller (1825)
66. Bleistiftzeichnung von Heinrich Franz Brandt (1826)
67. Gemälde von Ludwig Sebbers auf einer Porzellantasse (1826)
68. Weißgehöhte Kreidezeichnung von Ludwig Sebbers (1826)
68a Lichtdruck der Kreidezeichnung von Ludwig Sebbers (1883)
69. Ölstudie auf Leinwand von Julie von Egloffstein (1826-1827)
70. Ölgemälde von Johann Joseph Schmeller (1826 bis 1827)
71. Relief in Gips von Leonhard Posch (1827)
72. Ölgemälde auf Leinwand von Joseph Karl Stieler (1828)
73. Statuette von Christian Daniel Rauch (1828) in Biskuitporzellan der Manufaktur Meißen
74. Kolossalbüste von Pierre Jean David d'Angers (1829). Gipsabguß des Original-Tonmodells in Angers
75. Gipsrelief von Pierre Jean David d'Angers (1829)
76. Kreidezeichnung von Johann Joseph Schmeller (1829 bis 1830)
77. Zeichnung von William Makepeace Thackeray (1830)
78. Silberstiftzeichnung von Karl August Schwerdgeburth (1831 bis 1832)
79. Kupferstich von Karl August Schwerdgeburth (1832). Früher Zustand
80. Bleistiftzeichnung von Friedrich Preller (1832)
81. Stahlstich von Friedrich Fleischmann (1830)

Inhalt